반야심경의 바른 이해

반야심경의 바른 이해

김진태 지음

민족사

Sanskrit 반야심경

prajñā-pāramitā-hṛdaya-sūtra

oṃ namas bhagavatyai ārya-prajñā-pāramitāyai

ārya-āvalokiteśvaraḥ bodhisattvaḥ gambhīrām prajñā-pāramitā-caryām caramāṇaḥ vyavalokayati sma

pañca-skandhāḥ tām ca svabhāva-śūnyān paśyati sma

iha śariputra rūpam śūnyatā śūnyatā eva rūpam, rūpāt na pṛthak śūnyatā śūnyatāyā na pṛthak rūpam, yat rūpam sā śūnyatā yā śūnyatā tat rūpam; evam eva vedanā-saṃjñā-saṃskāra-vijñānam

iha śariputra sarva-dharmāḥ śūnyatā-lakṣaṇāḥ anutpannāḥ aniruddhāḥ amalāḥ avimalāḥ anūnāḥ aparipūrṇāḥ.

tasmāt śāriputra śūnyatāyām na rūpam na vedanā na saṃjñā na saṃskārāḥ na vijñānam.

na caksus-śrotra-ghrāṇa-jihvā-kāya-manāṃsi na rūpa-śabda-gandha-rasa-spraṣṭavya-dharmāḥ na cakṣus-dhātuḥ yāvan na manovijñāna-dhatūḥ.

na–avidyā na–avidyā–kṣayaḥ yavāt na jarā–maraṇam na jarā–maraṇa–kṣayaḥ.

na duḥkha–samudaya–nirodha–mārgāḥ. na jñānam, na prāptiḥ na aprāptiḥ

tasmāt śāriputra aprāptitvāt bodhisattvasya prajñāpāramitām āśritya viharati acittāvaraṇaḥ. cittāvaraṇa–na–astitvāt atrastaḥ viparyāsa–atikrāntaḥ niṣṭhā–nirvāṇa–prāptaḥ.

tri–adhva–vyavasthitāḥ sarva–buddhāḥ prajñāpāramitām–āśritya–anuttarāṃ samyak–sam–bodhim abhisambuddhāḥ

tasmāt jñātavyam: prajñāpāramitā mahā–mantraḥ mahā–vidyā–mantraḥ an–uttara–mantraḥ a–sama–sama–mantraḥ

sarvā–duḥkha–praśmanaḥ, satyam amithyatvāt. prajñāpāramitāyām uktaḥ mantraḥ. tat yathā:

gate gate pāragate pārasaṃgate bodhi svāhā. iti prajñāpāramitā–hṛdayaṃ samāptam.

般若波羅蜜多心經

-당(唐) 삼장(三藏) 현장(玄奘) 한역본

觀自在菩薩 行深般若波羅蜜多時 照見 五蘊皆空 度
一切苦厄.

舍利子 色不異空 空不異色 色卽是空 空卽是色 受想
行識 亦不如是 舍利子 是諸法空相 不生不滅 不垢不
淨 不增不減 是故 空中無色 無受想行識 無眼耳鼻舌
身意 無色聲香味觸法 無眼界 乃至無意識界 無無明
亦無無明盡 乃至 無老死 亦無老死盡 無苦集滅道 無
智亦無得.

以無所得故 菩提薩埵 依般若波羅蜜多故 心無罣碍
無罣碍故 無有恐怖 遠離顚倒夢想 究竟涅槃 三世諸
佛 依般若波羅蜜多故 得阿耨多羅三藐三菩提 故知般
若波羅蜜多 是大神呪 是大明呪 是無上呪 是無等等
呪 能除一切苦 眞實不虛 故說般若波羅蜜多呪 卽說
呪曰.

「揭帝 揭帝 波羅揭帝 波羅僧揭帝 菩提 娑婆訶」

반야바라밀다심경

−필자의 한글 번역

관자재보살께서는 심오한 반야바라밀다의 수행을 실천하시면서 세간[五蘊]을 확실하게 잘 가려서 객관적으로 관찰하시었다. 그리하여 오온이 있는데, 그것들이 실체가 공하다[없다]고 확실히 보시고서, 모든 괴로움과 재앙을 극복하신다.

사리자여, 물질 그 자체로부터 별도로 공성은 존재하지 않으며, 공성과 아무런 관계도 없이 별도로 물질이 존재하는 것도 아니다. 물질은 그 본성이 공성이고, 공성을 본성으로 하기에 물질이 존재하게 된다. 느낌과 지각과 형성 작용과 인식도 바로 그와 같다.

사리자여, 여기서 모든 법은 공성의 특징을 가지므로 발생하지도 않고 소멸하지도 않으며, 더럽지도 않고 깨끗하지도 않으며, 늘어나지도 않고 줄어들지도 않는다.

그러므로 공성에서는 물질이 없고 느낌·지각·형성 작용·인식도 없고, 눈·귀·코·혀·몸·생각도 없고, 형색·소리·냄새·맛·감촉·생각된 것도 없고, 눈의 영역도 없고 내지 의식의 영역도 없다.

무명도 없고 무명의 소멸도 없으며, 내지 노사도 없고 노사의 소멸도 없다. 괴로움과 괴로움의 원인과 괴로움의 소멸과 괴로움의 소멸에 이르는 길이 없고, 지혜가 없으며, 획득함이 없다.

획득될 것이 없기 때문에 보리살타는 반야바라밀다에 의지하므로 마음에 장애가 없고, 장애가 없기 때문에 두려움이 없으며, 전도된 생각을 초월하고서 궁극의 열반을 성취한다. 삼세의 모든 붓다께서는 반야바라밀다에 의지하여 최고의 바르고 완전한 깨달음을 이루셨다.

그러므로 알아야 된다. 반야바라밀다의 위대한 주문이며, 위대한 지혜의 주문이고, 최고의 주문이며, 비교될 것이 없는 주문은 모든 괴로움을 제거하고 거짓됨이 없기 때문에 진실하다.

반야바라밀다의 주문이 다음과 같이 설해졌다.

건너감이여! 건너감이여!
저 언덕으로 건너감이여!
저 언덕으로 완전히 건너감이여!
깨달음이여! 최상의 축복이여!

차례

들어가는 말

오랫동안 『반야심경』을 공부해 왔고, 또 여러 곳에서 제법 여러 번 강의를 해 오면서도 몇몇 부분에서 석연치 않았다. 늘 그림자가 남아 있었다고 할까. '반야'의 정확하고도 구체적인 의미, '반야'와 '반야바라밀다'의 차이, '조견'의 내용, '공'과 '공성'의 의미상의 차이, '반야바라밀다주(呪)'의 입체적인 내용 등이 그것이다. 그동안 공부를 하고 강의도 해야 했으므로 많은 한문본들, 우리나라에서 저술된 해설서들, 번역된 책들을 많이 읽어 보았다. 그러나 그 어떤 책을 보더라도 무언가 눈을 뜨고서 보고 쓴 것이 아니라, 눈을 감고 더듬어 쓴 책들이라는 느낌을 지울 수가 없었다.

미얀마에 15년 이상 위빳사나와 사마타 수행을 다니면서, 또한 몇 년 전부터는 틈틈이 테라와다의 아비담마 공부를 해 오면서 조금씩조금씩 그 구체적인 내용들이 보이기 시작했다. 이제 그러한 것들을 이 책을 통해 드러내 보고자 한다. 물론 이전의 책들에게 신세를 진 부분도 많다. 정확하게 설명하고 표현이 잘 된 부분은 굳이 나의 문장으로 비틀지 않고 요약하거나 거의 그대로 인용을 했다. 그 방법이

독자들이 책을 읽기에 수월하고 이해하기도 훨씬 쉬울 것이라는 생각, 구체적이고도 정확한 의미 전달을 이 책의 집필에서 최우선으로 삼았기 때문이다.

이 작은 책자가 있기까지 수많은 인연들이 얽혀 있다. 불교 공부의 정확한 방향을 일깨워 주시고 다방면에서 다양한 가르침을 주셨던 휴정 선생님, 불교 공부를 격려해 주시고 등록금과 숙식까지 마련해 주셨던 철웅 큰스님, 이 두 분은 이미 오래 전에 돌아가셨지만, 이 지면을 통해 다시 한 번 감사의 예(禮)를 올린다.

그동안 책값과 생활비를 보태주셨던 몇 분의 스님과 재가자 분들도 적지 않다. 구체적으로 다 밝히지 못해 미안한 마음이지만, 이 자리를 빌려 따뜻한 감사의 마음을 전한다.

위빳사나 수행을 거의 개인지도 수준으로 가르쳐 주셨던 우 에인다까 사야도와 혜송 스님, 그리고 사마타 수행을 잘 지도해 주셨던 우 실라 사야도와 평등 스님께도 깊이 감사를 드린다. 또한 수행도 어느 수준이 되기 전에는 신앙일 뿐이어서 대다수의 사람들은 수행조차도 믿음에 갇히는 수가 많은데, 수행이 무엇인지 제대로 알고 잘 닦으시는 분들이 필자 주위에 두어 분 계신다. 그분들이 내게 수행에 대해 일깨움을 주신 것에 대해서도 감사를 드린다.

아울러 이 책에 대한 오랜 기대와 함께 뒷부분의 워드 작업을 해 주신 혜문 스님과 앞부분의 워드 작업을 해 준 나의 딸 도연이에게도 고마움을 전한다. 그리고 교정과 윤문을 꼼꼼하게 봐준 이학종 님과 이 책의 집필에 직접 도움을 주신 이규식 거사님과 선인화 불자님에게도 감사의 말씀을 드린다. 끝으로 이 책을 출간해 주신 민족사 윤재승 사장님과 책을 예쁘게 잘 만들어 준 사기순 주간님에게도 고마움을 표한다.

절에 다니고 불상에 절한다고 불자인가? 자유든 평화든 행복이든 이것들은 본질적으로 각자의 내면에서 연기(緣起)하는 것이지, 어떤 절대적 능력자가 있어서 줄 수 있는 것이 아니다. 기도하고 재 올리고 제사 지내고 주문 외우는

것이 과연 붓다의 가르침인가? 이제 정말 반성해 볼 일이
다. 부디 이 책으로 말미암아 많은 불자와 독자들이 『반야
심경』을 바르게 이해하게 되고, 불교의 핵심 내용들을 정확
하게 보게 되어 이제 우리 불교계가 차츰차츰 교학과 수행,
그리고 신행생활의 내용들이 붓다의 바른 가르침으로 돌아
갔으면 하는 소망을 가져 본다.

이 세상에 붓다의 정법이 오래 오래 머물기를!

2020년 2월 22일 팔공산 어느 자락에서
글쓴이 김진태 합장

1. 경전의 명칭

반야의 완성에 이르게 하는 핵심을 담은 경전

●

반야바라밀다심경 (般若波羅蜜多心經)

본래 산스끄리뜨 본에는 경전의 명칭이 없는데, 현장 스님이 한역(漢譯)을 하면서 경전 끝부분의 '반야바라밀다심'이라는 용어를 제목으로 가져와서 '반야바라밀다심경'이라는 명칭을 붙였다. 그러나 명칭이 다소 길기 때문에 줄여서 대개 '반야심경' 또는 더 줄여서 '심경'이라고 한다.

　　원래 현장 스님의 번역에는 경명(經名) 맨 앞에 '마하(摩訶, mahā)'라는 말이 없고, 구마라집 스님의 번역본에는 '마하'라는 말이 붙어 있다. 그런데 한국에서 널리 유통되는 『반야심경』은 현장 스님의 번역을 사용하면서도 경명에 '마하'라는 말을 붙이고 있다. 마하는 '크다'는 뜻을 가진 산스끄리뜨로 이 경우에는 가치적 의미로 쓰여 '위대하다'는 뜻을 가진다.

　　경전의 제목은 그 경전의 전체적인 내용을 잘 나타내고 있기 때문에, 제목부터 해석하면 '반야[智慧]의 완성에 이르게 하는 핵심을 담은 경전'이라고 할 수 있겠다. 경전의 구성은 '반야바라밀다행'을 수행하는 방법을 묻는 사리자의 질문에 대해 관자재보살이 대답하는 형태로 이루어져 있다. 경전의 내용은 오온 등을 관찰하고 통찰하여 완전한 해탈에 이르게 하는 '반야바라밀다'의 훌륭함과 그 공덕에 대한 얘기이다.

❶ 아주 뛰어난 인식·앎 : 지혜
[반야(般若)]

반야는 산스끄리뜨로 쁘라즈냐(prajñā), 빨리어로는 빤냐 (paññā)인데, 아마도 지(智)와 혜(慧)라는 말로써는 그 의미를 모두 표현할 수 없어서 '반야'라고 음역을 했을 것이다. 쁘 라즈냐는 '앞으로 나아가는, 멈춤이 없는, 뛰어난, 수승(殊 勝)한' 등의 의미를 가진 '쁘라(pra)'와 '알다, 인식하다'라는 동사 '즈냐(jñā)로 이루어진 용어이다. 그래서 반야는 '아주 뛰어난 인식·앎 : 지혜'라는 뜻을 가진 말이다. 개념적 분 별을 동반한 우리들의 일반적인 지식이 아니라, 번뇌와 업 력을 끊어갈 수 있는 힘을 가지고 있는 마음의 작용을 의미 한다.

좀 더 구체적으로 풀어보면, 반야는 물질과 정신이라는 실재를 보고, 물질과 정신의 일어남−사라짐을 보고, 인과 (因果 : 원인과 결과)의 연기(緣起)를 보고, 실재의 생멸(生滅) 을 통해 무상(無常)·고(苦)·무아(無我)를 보고, 나아가서 열 반, 곧 탐·진·치의 일어나지 않음을 보는 마음이다. 언어 적 개념을 걷어내고 사물에 직접 다가갈 수 있는 마음 작용 이고, 열반을 보고 번뇌와 업력을 제거하여 생사윤회로부터 해탈할 수 있게 하는 마음이다. 중생들은 반야의 힘으로 깨달음을 얻어 성인(聖人)이 되고, 다시 태어나게 할 업력들을 단계적으로 제거해 나감으로써 생사윤회의 고통으로부터 자유롭게 되는 것이다.

지혜를 문혜(聞慧), 사혜(思慧), 수혜(修慧)의 3종류로 구분하기도 한다. 문혜란 신뢰할 수 있는 스승으로부터 가르침을 듣거나 좋은 책을 읽음으로써 얻어지는 지혜이다. 사혜란 스승에게서 들은 것이나 책을 보고 이해한 것들을 이치를 바탕으로 하여 올바르게 사유하여 얻는 지혜이다. 수혜는 문혜와 사혜를 바탕으로 수행을 통해 얻어지는 지혜로서 번뇌와 업력을 지멸시키는 기능과 작용이 있다.

『반야심경』에서 말하는 반야는 '이 세상에 존재하는 모든 것은 공(空)하다'는 '공성(空性) 체득'의 지혜를 말하는데, 공성이 열반의 다른 표현이고 깨달음을 얻은 성인(聖人)들의 도(道)와 과(果)의 마음의 대상이 '열반'이기 때문에 결국 공성의 체득은 초기 불교의 깨달음의 내용과 다른 것이 아니다.

❷ 완성, 생사윤회의 이 언덕으로부터 해탈의 저 언덕에 도달하다

[바라밀다(波羅蜜多)]

바라밀다는 산스끄리뜨 '빠라미따(pāramitā)'를 음역한 것으로 빠라미따라는 단어를 어떻게 분석하느냐에 따라 의미가 달라진다. 일반적으로 바라밀다는 도피안(到彼岸) 또는 완성(完成)이라고 이해한다. 구마라집 스님은 빠라미따를 '도피안'으로 번역했고, 현장 스님은 '완성'으로 번역했다.

빠라미따(pāramitā)를 빠람(pāram)과 이따(ita)로 분석하면, 빠람은 빠라(pāra)의 목적격으로 '피안에, 저 언덕에'라는 뜻이고, 이따(ita)는 '가다, 걸어가다'라는 뜻의 동사 어근 '이(√i)'와 과거수동분사인 '따(ta)'로 이루어진 형태인데, 이 '이따(ita)'를 여성형으로 만들어 '이따(itā)'가 된 것으로서 '이르다, 도달하다'는 의미이다. 곧 구마라집 스님은 빠라미따를 '도피안(到彼岸 : 저 언덕에 도달하다)'이라고 한역을 해서, '생사윤회의 이 언덕으로부터 해탈의 저 언덕에 도달하다'라는 의미로 번역을 했던 것이다.

한편, 현장 스님은 빠라미따(pāramitā)를 '빠라미(pārami)'와 '따(tā)'로 분석해서, 빠라미는 '피안에 이르다, 저 언덕에 도달하다'라는 뜻이고, 여기에 상태를 나타내는 추상명사화 접미어 '따(tā)'를 합치면 '완전하게 도달한 상태'라는 의미가 되므로, 빠라미따를 '완성'이라고 번역한 것이다. 이처럼 분석해서 해석하면 '반야바라밀다'는 '반야의 완성'이라는 의미가 된다.

　'바라밀다'를 '저 언덕에 도달하다'로 해석하면 저 언덕이 붓다의 세계이므로 붓다가 되는 것을 말하고, 반야바라밀다를 '반야의 완성'이라고 해석해도 붓다의 지혜를 지칭하는 것이므로 의미상의 차이는 거의 없다. 이와 같은 반야바라밀다는 이 세상의 모든 것을 다 아는 지혜[一切智]로서 오직 붓다에게만 있고, 붓다를 제외한 다른 아라한들에게조차도 없다. 왜냐하면 일체지는 과거 4아승지겁 동안 닦아온 10바라밀의 공덕에 의해 성취된 것이기 때문이다.

❸ 핵심·진수·중심의 경전
[심경(心經)]

여기서 심(心)이라고 번역한 산스끄리뜨는 흐리다야 (hṛdaya)로 '심장'을 뜻하는 것이지 '마음'이라는 용어가 아니다. 옛날 사람들은 인간의 중심을 '심장'이라고 생각했다. 그래서 중요한 장기(臟器)인 흐리다야[심장, 염통]는 '핵심·진수·중심'이라는 의미, 곧 『반야심경』이 초기 대승불교의 경전인 600부 반야경의 핵심이고 진수라는 것이다.

경(經)은 산스끄리뜨 수뜨라(sūtra)를 번역한 말인데, 수뜨라는 '줄·끈·실'을 뜻한다. 물건들을 줄이나 끈으로 묶듯이, 경전은 붓다의 말씀[가르침]을 모아서 기록해 둔 것이라는 의미이다. 오늘날 넓게는 '성인(聖人)의 말씀'이라는 뜻으로도 쓰인다.

2. 관자재보살의 반야 완성의 수행

(성스러운, 거룩한) 관자재보살께서는 심오한 반야바라밀다의 행(行)을 실천하시면서 (세간·오온을) 조견[확실하게 잘 가려서 객관적으로 관찰]하시었다.

●

(성) 관자재보살 행심반야바라밀다시 조견
(聖) 觀自在菩薩 行深般若波羅蜜多時 照見

❶ 성스러운·거룩한 관자재

[성(聖) 관자재(觀自在)]

산스끄리뜨 '아리야–왈로끼떼슈와라(āryāvalokiteśvara)'를 번역한 말인데, 현장 스님은 '성스러운, 거룩한'이라는 의미를 가진 아리야(āryā)라는 수식어는 번역하지 않았다. '성(聖)스럽다' 또는 '거룩하다'라는 수식어는 무상정등각(無上正等覺)에 이르지 않았을 뿐이지, 이미 성인(聖人)의 반열에 드는 정도의 깨달음은 얻었다는 말이다. 그래서 성(聖, āryā)은 죽음을 극복하고 있는 존재, 곧 열반을 증득하여 완전한 해탈이 이미 확실하게 보장된 존재에게 쓸 수 있는 말이다.[1]

'아왈로끼떼슈와라(avalokiteśvara)'는 아왈로끼따(avalokita)와 이슈와라(iśvara)가 합쳐진 말이다. 문법적으로 볼 때 아왈로끼따의 끝음 'a'와 이슈와라의 'i'가 서로 충돌하여 'e' 모음으로 바뀐 것이다. 먼저 아왈로끼따는 접두사 '아와(ava)' 그리고 동사 어근 '로끄(√lok)'와 접미사 '이따(ita)'로 나누어진다. '아와'는 '아래로'라는 뜻이고, '로끄'는 '보다, 관찰하다'라는

---

1   최봉수, 『범본 심경·금강경 해설』, pp.34~35 참조.

뜻으로, '아왈로끄'는 '아래로 본다'라는 의미이다. 뒤의 접미사 '이따'는 '~된'이라는 수동 과거분사 접미사이다. 그러면 '아왈로끼따'는 '아래로 내려다보인 것'으로 해석된다. 그리고 '이슈와라'는 '자재자(自在者)' 또는 '주인(主人)'이라는 뜻이다.

따라서 '아왈로끼따[아래로 내려다보인 것]'를 관(觀)으로 쓰고, '이슈와라[自在者]'에서 자재(自在)를 따서 관자재(觀自在)라고 번역한 것으로 보인다. 그래서 '아왈로끼떼슈와라'는 '아래로 내려다보인 것의 자재자[주인]'라는 의미가 된다.[2]

그렇게 아래로 내려다보인 것이 구체적으로는 세간과 고통 속에 빠져 있는 세간의 중생들일 것이다. 말하자면 관자재보살은 세간과 세간에 있는 생사윤회의 기나긴 고통 속에서 신음하는 중생들을 자비심으로 살펴보시고 구제하시는 분이다. 그리하여 그분은 이러한 자비의 공덕과 오온, 곧 세간을 관찰하면서 반야를 완성하는 공덕으로 무상정등각을 증득하여 붓다가 되고 생사윤회로부터 완전한 해탈을 성취하게 되는 것이다.

---

2 같은 책, pp.31~32.

그리고 관자재보살은 추상적 존재이지 역사적 인물이 아니다. 대승경전 속에서 만들어진 인물로서 가상의 존재이지만 이상적인 구제자의 모습을 띤다. 대승불교에서는 깨달음을 구해서 노력하는 사람들은 누구나 붓다가 될 수 있다고 확신하여 구도자를 모두 보살이라고 부르게 되었다. 대승불교의 이념은 바로 이러한 보살 정신과 육바라밀다의 실천이다.

❷ 완전한 깨달음을 추구하는 존재
[보살(菩薩)]

산스끄리뜨 보디삿뜨와(bodhi sattva)를 보리살타로 음사하고서, 그것을 다시 보살로 축약한 용어이다. 이와 같이 보살은 보디(bodhi : 깨달음)와 삿뜨와(sattva : 중생·유정)의 복합어인데, 복합어를 해석하는 방식에 따라 크게 두 가지로 나눠볼 수 있다. 첫째는 이미 깨달음을 갖춘 성인(聖人)이고, 두 번째는 깨달음을 얻기 위해 정진하는 중생이라는 의미로서, 넓은 의미에서 모든 살아 있는 존재들을 가리킨다. 그러므로 보살은 '깨달음의 존재'라는 의미가 되기에 '완전한 깨달음을 추구하는 존재' 또는 간단하게 '구도자'라고 이해할 수 있다.[3]

나아가 좀 더 구체적으로 말하자면, 최상의 깨달음을 얻기 위해 수행하는 자로서 무상정등각을 얻는 것이 확실하게 결정된 자, 붓다를 이룰 것이 확실하게 결정된 수행자일 경우에 '보살'이라는 명칭을 붙이는 것이다. 성스러운 관자재보살이라고 할 때도 이 분이 결국에는 붓다가 될 수밖에

---

3 같은 책, p.38.

없는 존재라는 것을 강조하고 있다고 보아야 한다. '보살'이라는 말 속에는 이 존재가 반드시 붓다가 된다는 수기(授記)를 받은 존재라는 것을 생각해야 한다. 이와 같이 보디삿뜨와는 아뇩다라삼먁삼보리[無上正等覺]를 성취하는 것이 이미 확정된 존재이다.[4]

4 같은 책, pp.39~41.

❸ 심오한 반야바라밀다의 행을 실천하시면서 조견하셨다
[행심반야바라밀다시 조견(行深般若波羅蜜多時 照見)]

행심반야바라밀다시(行深般若波羅蜜多時)

산스끄리뜨 '감비라얌 쁘라즈냐빠라미따얌 짜리얌 짜라마노(gambhīrayāmprajñāpāramitāyāṃ caryāṃ caramāṇo)'를 한역한 것이다. '감비라얌'에서 '감비라'는 어간으로 '깊다, 심오하다'라는 뜻을 가지고, '아얌'은 처격어미로 '~에'라고 해석된다. 그런데 '감비라'는 형용사이므로 뒤에 나오는 명사 '쁘라즈냐빠라미따'를 수식한다. 쁘라즈냐빠라미따(반야바라밀다)의 뒤에는 '아얌'이라는 처격어미가 붙어서 '쁘라즈냐빠라미따얌'이 되어, 수식어의 어미와 피수식어의 어미가 격(格)과 성(性)과 수(數)에 있어서 문법적인 일치를 보이고 있다. 그래서 우리말로 해석하면 '심오한 반야바라밀다에' 또는 처격이 사용된 경우에도 간혹 목적어 역할도 하므로 '심오한 반야바라밀다를'이라고 번역할 수도 있다.[5]

---

5 같은 책, pp.41~42.

'짜리얌 짜라마노'에서 짜리얌(caryāṃ)은 여성명사 '짜리야 (caryā)'의 단수 목적격인데, '짜리야'가 '행위'의 뜻이므로 '행 (行)을'로 번역했다. 그리고 '짜라마나(caramāṇa)'는 동사 짜르 (√car : 행하다, 가다)에서 파생한 것이며, 마나(māṇa)는 현재 분사이다.

앞의 반야바라밀다와 연결시켜 해석하자면, '반야바라밀 다의 행을 실천하면서'가 되고, 또는 조금 다르게 해석하면 '반야바라밀다의 행에 향하여 가면서'라고 할 수 있다. 반야 [지혜]의 완성을 향하여 지금 열심히 가고 있는 진행 중이 라는 뜻이다. 아직 생사윤회로부터 완전한 해탈에 도달한 것은 아니고, 그곳을 향하여 '가고 있다'는 말이다.[6]

조견(照見)

산스끄리뜨 '위야왈로까야띠 스마(vyavalokayati sma)'를 번 역한 것이다. 위야왈로까야띠는 3인칭 단수 사역형인데, 분 석하면 접두사 위(vi)[7]는 '나누어서, 가려서'라는 뜻이고, 아 와(ava)는 '떨어져서'라는 뜻인데 여기서는 '객관적으로, 남

6 같은 책, pp.44~47.
7 i가 y로 바뀐 것은 i+a = y+a로 변하는 연성법에 따른 것이다.

의 것을 보듯이, 제3자의 입장에서'라는 의미를 가지며, 어근 로끄(√lok)는 '보다, 관찰하다'라는 뜻이다. 아야(aya)는 사역형이고, 띠(ti)는 3인칭 접미사이다. 스마(sma)는 현재형에 동반하여 과거를 나타내는 접미사[부사]로 '확실히'라는 뜻이다. 그래서 전체적으로는 '확실하게 잘 가려서 객관적으로 관찰하셨다'라는 말이다.

붓다의 최고 핵심이 되는 가르침인 사성제(四聖諦)에서 괴로움[苦]을 알고, 그 원인이 되는 갈애[集]를 끊고서 열반[滅]을 증득하기 위해서는 팔정도[道]를 갖춘 위빳사나 수행을 해야 한다. 그런데 『반야심경』에도 위빳사나 수행에 대한 항목이 있다. 그것이 바로 이 '조견'이라는 술어인데, 사띠빳타나 위빳사나 수행에 대한 내용을 담고 있다.

그리고 산스끄리뜨 원전에 따르면 조견은 뒷 문장의 '오온[自性]개공'에 걸리는 말이 아니라, 오히려 앞의 '행심반야바라밀다시'에 연결되어 '조견'이라는 용어에서 이 문장은 일단 끝이 난다. '오온개공'을 조견하신 것이 아니라, 심오한 반야 완성의 행을 실천하시면서 '조견하셨다'로서 '조견'에서 멈추어야 한다. 다음에 나오는 '오온이 있는데, 그 자성이 공하다고 확실히 보시었다'는 문장에는 따로 '본다'는 의미를 가진 '빠슈야띠(paśyati)'가 있으므로 경문(經文)에 나오는 그대로 읽고 이해해야 하고, 그 의미도 '비추어 보고, 밝혀 보아'의 정도로는 그 구체적인 내용을 알 수가 없다. 그러나 안타깝게도 동아시아 불교에서는 위빳사나 수행의 전통이 끊어져 '조견'의 의미를 정확하게 알 수가 없었다.

그러면 무엇을 잘 가려서 객관적으로 관찰하는가? 그것은 일단 다름이 아닌 자기의 오온이다. 그래서 '조견'은 우리의 몸과 마음에서 일어나고 사라지는 현상들을 수행주제로 하여 제3자의 견지에서 관찰한다는 말이다.

이것은 바로 사띠빳타나 위빳사나 수행, 곧 사띠(sati)를 기반으로 하는 위빳사나 수행이다. 자신의 오온, 곧 몸과 마음을 신(身)·수(受)·심(心)·법(法)으로 나누고 구별하여 관찰하는 것이다. 자기 자신의 관찰을 통해서 실재, 나아가 실재의 본성을 보는 것이다.

현재 찰나에서 자기의 오온을 관찰하면 실재의 본성을 볼 수 있다. 실재는 실체를 가지고 있지는 않지만, 고유의 성질[本性]을 가지고 있다. 예를 들자면 탐욕은 끌어당겨 움켜쥐는 개별적인 본성이 있고, 진에심은 배척하며 밀쳐내는 개별적인 본성이 있다.

그런데 이러한 본성은 공통적으로 무상하고, 괴로운 것

이고, 실체가 없는 것이다. 이 중에서 실체가 없는 것[無我]에 대하여 '공(空)하다'고 표현한 것이다. 그래서 산스끄리뜨 『반야심경』에서는 '오온이 있는데, 그 자성이 공하다'고 언급하고 있다.

위빳사나라는 반야[智慧]를 얻는 수행은 실재의 본성을 보기 위한 것이며, 실재의 본성이 무상·고·무아라는 것을 통찰하는 것이다. 그렇게 하기 위해서는 바로 지금 찰나의 자신의 몸과 마음에서 일어나는 현상들을 잘 가려서 예리하고 분명하게 관찰해야 한다.

그 관찰의 대상이 바로 사띠(sati)이고, 그 사띠의 종류에 신·수·심·법의 4념처가 있다.

이와 같이 '조견'은 사띠빳타나 위빳사나 수행에 대한 내용이고, 그것은 오온에 대하여 신·수·심·법으로 관찰하는 것이다. 나아가 실재의 본성인 무상·고·무아를 통찰하여 높은 수준의 반야를 얻기 위한 것이다.

조견, 즉 사띠빳타나 수행을 통해 도(道)와 과(果)의 마음을 얻고, 그 대상인 열반을 증득해야 성인(聖人)이 되고 불교의 목적인 생사윤회로부터 해탈할 수 있게 된다.

이와 같이 '조견'은 반야바라밀다를 성취하고 아눅다라삼먁삼보리[無上正等覺]를 증득하여 붓다가 되는 길[방법]을 의미한다. 좀 더 구체적으로 설명하면, '관자재보살께서는 중생구제의 자비행을 펼치면서 반야바라밀다를 성취하기 위해 사띠빳타나 위빳사나 수행을 계속하셨다'라는 말이다.

조견의 내용이 되는 위빳사나 수행은 (1) 언어적·개념적으로 사고하지 않는 법, (2) 탐·진 등의 번뇌로써 반응하지 않는 법, (3) 상카라[行-業]를 만들지 않는 법을 익혀 간다.

'조견'의 구체적인 내용을 붓다 가르침의 전체 맥락에서 보면, 사마타 수행[止]으로 삼매[定]를 얻고, 그 삼매의 힘으로 위빳사나 수행[觀]을 해서 반야[慧]를 얻는다는 일련의 수행과정이라 할 수 있다. 곧 사마타와 위빳사나라는 두 가지 수행 방법과 그 수행의 결과로서 얻게 되는 두 가지의 심소를 말하지만, 그 무게 중심은 위빳사나 수행과 반야에 있다. 위빳사나 수행만이 반야, 특히 문혜와 사혜를 넘어 수혜(修慧)를 얻을 수 있는 유일한 길[방법]이기 때문이다.

오직 수혜를 통해서만 진정으로 번뇌와 업력을 끊어갈 수 있다. 위빳사나 수행이 아니고서는 문혜와 사혜는 얻을 수 있을지언정, 수혜까지 얻어서 열반을 보고 깨달음을 얻을 수는 없다. 다만 색다른 양생(養生)의 길을 개척할 수 있을 뿐이다.

사실 세속의 것에 대한 포기의 미학(美學), 세간에 대한 체념의 미학만 갖추어도 주위에서 보면 남달라 보이고 깨달음을 얻은 것처럼 보일 수도 있다. 하지만 진정한 깨달음을 얻고서 출세간의 삶을 살 수 있게 된 것은 아니다. 자신을 지켜보는 수행을 통해야만 번뇌와 망상, 그리고 업력으로부터 벗어날 수가 있다.

그리고 우주 만물과 하나 되는 경험은 단지 삼매의 체험일 뿐이다. 의식이 깊은 삼매에 들어 오감(五感)이 작동하지 않으면 그렇게 느껴지게 된다. 그것이 공성의 체득은 아니며, 물론 깨달음의 체험도 아니다. 또한 그 동체(同體, 하나됨)의 체험이 동체대비(同體大悲)나 대자대비(大慈大悲)의 실현으로 연결되는 것도 아니다.

이 경에서 '조견'은 오온을 잘 가려서 객관적으로 관찰하여 그 실체가 공하다고 통찰하는 것이며, 그 통찰 결과의 구체적인 내용이 '색즉시공 공즉시색'에서부터 '무고집멸도 무지역무득'까지 이어진다.

조견하지 못하기에, 곧 바로 지금[현재 찰나] 여기[자기의 오온]를 있는 그대로 보지 못하기 때문에, 다시 말해 실재의 일어남·사라짐을 통한 무상·고·무아를 통찰할 수 없기에 대상에 대해 탐·진·치로써 반응하게 되는 것이다.

붓다께서 창안하신 위빳사나 수행으로 물질과 정신을 조견하여 체득한 탐·진·치가 없는 지혜의 마음[무루의 반야]만이 열반을 볼 수 있고 생사윤회로부터 해탈을 가능하게 한다.

'조견'은 『반야심경』의 핵심이 되는 용어로서 볍씨의 씨눈과 같고 달걀의 배아와 같다. 씨눈이 없으면 볍씨가 싹을 틔울 수 없고, 배아가 없으면 달걀이 병아리가 될 수 없듯이, '조견'하지 않으면 반야를 얻을 수 없고, 반야가 없이는 반야바라밀다가 있을 수 없으며, 반야바라밀다가 없이는 구경열반도 무상정등각도 얻을 수 없고 완전한 해탈도 실현되지 않는다.

3. 공의 관찰에 의한 괴로움의 극복

오온이 있는데, 그것들이 실체가 공하다[없다]
고 확실히 보시고서, 모든 괴로움과 재앙을 극
복하신다.

●

오온개공 도일체고액 (五蘊皆空 度一切苦厄)

❶ 다섯 가지 기능의 집합

[오온(五蘊), pañca skandha]

온(蘊)은 산스끄리뜨 스깐다(skandha)를 한역한 것이다. 중생들의 신체와 정신의 모든 면에 있어서 있을 수 있는 여러 가지 물질적이거나 정신적인 경험의 축적을 말한다. 구체적인 특정 장소나 부위를 말하는 것이 아니고, 그러한 기능을 하는 것들[집단, group]을 모아 묶어서 이르는 말이다. 곧 그러한 기능의 집합·모임·쌓임·집단·더미·덩어리·무더기 등 기능 일반을 뜻한다.

경전에서는 '과거의 것이든, 미래의 것이든, 현재의 것이든, 안의 것이든, 밖의 것이든, 거친 것이든, 미세한 것이든, 저열한 것이든, 수승한 것이든, 멀리 있는 것이든, 가까이 있는 것이든' 그렇게 형성된 물질적·정신적인 것들을 '온'이라 한다고 정의하고 있다.

오온은 중생의 개체와 그 환경을 구성하는 물질[色]·느낌[受]·지각[想, 표상 작용]·형성 작용[行]·인식 작용[識]이라는 다섯 가지 요소로 나누어서 파악한 것으로 모든 존재 현상을 총괄하는 것이다. 이와 같은 다섯 가지 온들이 '나'라는 생각의 근거가 될 수 있는 대표적인 기능들이다. 중생은 이러한 오온의 집합체일 뿐이다.

(1) 색(色, rūpa) : 넓은 의미로는 바깥 세계에 존재하는 물질 일반을 가리키지만, 좁게는 육체를 가리킨다. 물질은 변형되는 것이고 그것만의 고유한 공간을 점유하는 것이다. 물질은 변형되는 것이 개별적 특징[自相]이고, 그것의 보편적 특징[共相]은 무상·고·무아이다. 이러한 물질은 감각으로 지각되는데, 우리는 감각을 통해 신체를 경험한다. 몸은 자기 생존의 욕구와 종족보존 욕망의 근원이므로 불안의 근원이기도 하다. 또한 가장 중요한 수행의 도구이자 신념처(身念處) 수행의 대상이기도 하다.

(2) 수(受, vedanā) : 바깥 세계로부터 자극을 느끼는 감수 작용이다. 감각기관으로 입력된 정보에 의해 일어난 몸의 변화에 대해 가치를 부여하는 마음 작용이다. 이러한 느낌은 괴로운 느낌[苦受, 불쾌감], 즐거운 느낌[樂受, 쾌감], 괴롭지도 즐겁지도 않은 느낌[不苦不樂受, 지둔감]의 세 가지로 나타난다. 그리고 아비담마 교학에서는 이들 각각의 느낌을 육체적인 것과 정신적인 것으로 구분하여 육체적 고통[苦], 정신적 괴로움[憂], 육체적 즐거움[樂], 정신적 기쁨

[喜], 지둔감[不苦不樂, 捨]의 다섯 가지로 분류하고 있다.

느낌[受]은 그 자체가 번뇌는 아니지만, 이것을 바탕으로 해서 번뇌가 일어난다.

① 좋은 느낌[樂受]이 일어나면, 그 느낌을 더 누리고 유지하고 싶어서 탐욕심이 일어난다. 이와 같이 탐욕 밑에는 항상 낙수가 깔려 있다.

② 싫은 느낌[苦受]은 빨리 피하고 싶다. 거기에서 진에심[성 내는 마음]이 일어난다. 이처럼 진에심 밑에는 항상 고수(苦受)가 깔려 있다.

③ 그 느낌이 낙(樂)인지 고(苦)인지 분명히 알지 못하는 불고불락수에서 우치심[어리석은 마음]이 일어난다. 이와 같이 어리석음 밑에는 분명하게 잘 가려보지 못하는 지둔감 [捨受]이 바탕에 있다.

탐욕과 진에심 등의 번뇌는 괴로움의 원인인데, 그것들은 느낌[受]에 대한 반응으로 일어난다. 그러므로 느낌을 객관적으로 관찰하는 것[위빳사나 수행]을 통해서 탐욕과 증오의 새로운 반응을 막을 수 있고, 무상과 무아 등의 실재의 본성을 볼 수 있다. 이것이 열반을 증득하여 해탈의 성취로 가는 길이다. 인도철학과 수행에서 느낌을 수행의 주제로 하는 것은 불교가 처음이고 유일하다.

색계(色界)의 4가지의 선정[본삼매]들은 느낌[受]의 극복
과정이다. 오수(五受) 가운데 낙수(樂受)와 희수(喜受)는 탐
욕심을 일으켜 산란하게 하여 깊은 삼매를 깨트리므로, 탐
욕으로 반응하지 않도록 평온심[行捨]을 얻는 방향으로 더
욱 더 깊은 본삼매를 계발해 가는 것이다.

(3) 상(想, saṁjñā) : 감각기관을 통해 들어오는 감각정보
를 구분하고 이미지[表象]화하여 이름 붙이며 개념화하고
분류하여 '~이다'라고 판단을 내리는 지각작용이다.

언어는 지각[想]에 기대고 있다. 지각은 어떤 사물에 대
해 표상화하여 이름 붙이고 개념화하여 판단하는 작용이기
에 다른 사물들과 구별하는 기능도 있지만, 이를 통해 언어
적 개념이 형성되어 유사한 사물들을 함께 뭉뚱그려 동일
화하는 기능도 있어서 사물의 개성을 놓치고 실재를 보는
것에 크게 장애가 되기도 한다. 그러므로 어떤 사람이나 사
물을 두고서 '무엇이다'라고 지각을 하면서 언어로 표현할
때는 항상 탐욕이나 증오 등의 번뇌가 일어날 수 있다는 점
을 염두에 두어야 한다.

그래서 지각에는 아상(我想)이나 무상·고·무아·부정(不
淨)인 것을 상(常)·락(樂)·아(我)·정(淨)으로 생각하는 전도

된 지각처럼 버려야 할 지각도 있고, 무상·고·무아의 지각처럼 열반을 증득하고 해탈을 실현하기 위해서 수행하여 계발해야 할 지각도 있다.[8] 무색계(無色界)의 4가지 정(定)은 지각[想]의 극복 과정이다. 무색계의 본삼매가 깊어갈수록 언어적·개념적 지각은 더욱 가라앉게 된다.

(4) 행(行, saṁskāra) : 의지·의도에 의한 갈망[貪欲]이나 혐오[瞋恚] 등의 반응 작용들이다. 행온(行蘊)의 본체는 비자각적 의지[思]이다. 나의 마음인데도 내 의지대로 되지 않는다. 의지조차도 과거의 업력에 의해 나타나는 것이므로 나도 어찌할 수 없는 그런 것이어서 하고자 하나 마음대로 안 된다. 불교는 수행이 있어서 의지의 수동성을 봤다. 행온은 느낌[受]과 지각[想]을 뺀 그 나머지의 모든 심소들인데, 의지[思]가 그 중심이며, 무엇인가를 실현하려고 어떻게 하고자 의도하는 형성 작용으로서 마음을 추동하여 선업이나 악업을 짓게 하는 마음 작용들이다.

　이 '행(行)'의 개념에는 넓고 좁은 여러 가지의 내용과 의미가 있다. ① 가장 넓은 의미의 행은 제행무상(諸行無常)의 행과 같이 일체의 현상을 가리킨다. 이때는 오온에서 행온

8　각묵, 『초기불교의 이해』, pp.120~122 참조.

뿐만 아니라 오온 전체가 행[일체의 유위법]이 된다. ② 중간 넓이의 의미를 가진 행은 오온 속의 행온이다. 인연 화합하면서 의지를 담고 일어나는 마음 작용들인데, 느낌[受]과 지각[想]을 제외한 모든 심소들을 포함한다. ③ 좁은 의미의 행은 업(業)의 의미에 가깝다.

신(身)·구(口)·의(意)의 3업이 행이 되는데, 의지[思]보다는 넓은 의미로서 의지[思業, 意業] 다음에 일어나는 신업과 구업 그리고 그것에 의한 업력까지를 포함한다. 바로 12연기 제2지(支)의 행이다.

우리는 업력[習慣]대로 행위하는 것에 익숙하다. 그러나 수행을 통해 의지의 수동성을 극복하고 나의 의지대로 마음의 내용들을 바꾸어 갈 수가 있다. 대상에 대하여 업력에 의해 피동적으로 번뇌로써 반응하는 삶이 아니라, 반야의 힘으로 늘 깨어 있는 나의 능동적 의지대로 청정한 삶을 꾸려갈 수 있는 것이다. 여기에 수행의 필요성과 중요성이 있다.

(5) 식(識, vijñāna) : 대상을 구별하여 인식하는 작용이다. 본래의 의미는 모든 마음 작용의 기초가 되는 인식 작용이지만, 그 외에 '인식하는 주체로서의 마음'이라는 의미로도 사용된다. 감각기관[根]과 대상[境]을 조건으로 하여 발생하

는 것이며, 대상을 아는 작용이지만, 구체적이고 분명한 인식이 성립되기 위해서는 느낌과 지각과 의지와 같은 심소법들의 도움이 있어야 한다. 마음이라는 것이 몸 속 어딘가에 늘 있다가 눈을 통해 형색을 보고, 귀를 통해 소리를 듣고 하는 것이 아니다. 마음도 그때그때 연기되는 것으로서 찰나생·찰나멸하는 무상한 것이므로 결코 절대화하면 안 된다. 이와 같이 마음은 조건발생이며, 단지 대상을 아는 것이고, 업을 짓는 작용이 있으며, 찰나생·찰나멸하는 무상한 것이고, 상속하는 것이다.[9]

중생이 생사윤회를 하게 되는 것도, 수행을 통해 열반을 증득하여 깨달음을 얻고서 성인(聖人)이 되고 해탈을 성취하게 되는 것도 모두 마음의 문제이다. 그러므로 마음의 종류와 마음의 경지 그리고 마음의 내용을 바꿔 가는 수행방법 등을 말하는 것이 불교의 핵심이라고 할 수 있다.

중생들은 오온을 '나의 소유물'이라고 생각하거나, '나'라고 생각하거나, '나의 자아'라고 생각한다. 그것을 자기 동일성을 가지고 자기의 내면에서 변하지 않고 존속하는 '실체적인 나'로 생각한다. 그러나 무상하고 괴롭고 실체가 없

9 같은 책, pp.133~135.

는 법에 대하여 '이것은 나의 소유이다', '이것이 나이다', '이것이 나의 자아이다'라고 생각하는 것은 무지(無知)일 뿐이다. 이러한 오온의 무상·고·무아, 곧 오온의 공성을 보아야 한다는 것이 『반야심경』의 핵심 내용이다.

❷ 공과 공성의 의미상의 차이
[공(空)과 공성(空性)]

공(空)은 산스끄리뜨의 슌야(śūnya)를, 공성(空性)은 슌야따(śūnyatā)를 한역한 것이지만, '공'은 자주 '공성'의 줄임말로 쓰이기도 한다.

한역 『반야심경』에서는 오온개공(五蘊皆空)에서의 '공(空)'만 '슌야'를 번역한 것이고, 그 아래 경문(經文)의 공 모두는 슌야따'를 번역한 공성의 줄임말이다.

그런데 공과 공성의 의미상의 차이가 큼에도 불구하고 슌야와 슌야따를 모두 '공'으로만 번역함으로써 그 의미가 정확하게 구별되지 않아 혼란을 빚고 있는 것이 사실이다.

슌야는 형용사로 '공(空)하다'의 의미이고, 슌야따는 이 형용사의 추상명사형으로 '공성(空性)'을 의미한다. 산스끄리뜨에서 형용사가 명사로 쓰인다는 점을 생각하면, 슌야는 '공한 것'을 의미할 수도 있지만 슌야와 슌야따는 단순히 형용사와 명사의 차이만 있는 것이 아니다. 추상명사화 접미사 '따(-tā)'의 성격을 고려할 때, 슌야(śūnya)는 개별적인 것을 나타내고, 슌야따(śūnyatā)는 이 개별적인 것들의 공통

성·보편성을 나타낸다.[10]

사실 이 슌야를 '없다' 또는 '없는 것'으로, 슌야따를 '없음' 또는 '없는 상태'로 번역해도 되지만, 우리말의 '없음'과 한자의 '무(無)'가 '없음'에서 시작해서 '없지도 않고 있지도 않음'을 거쳐서 '있음'의 의미를 띠게 된 이 슌야따(śūnyatā)의 의미를 나타내는 것은 거의 불가능에 가깝다.[11]

공(空, śūnya)은 공성(空性, śūnyatā)을 현현(顯現)하게 하는 없음[無]을 의미하고, 공성은 아공(我空 : '나'는 실체가 없다)과 법공(法空 : '사물'은 실체가 없다)의 두 공에 의해 현현하는 진여(眞如 : 진실로 그렇게 있음)를 의미한다.

이와 같이 그 의미에 있어서 슌야[空]는 부정인 데 비해 슌야따[空性]는 긍정이고, 슌야가 과정이라면 슌야따는 결과이다. 슌야는 개별적인 것들의 부정이 진행되는 과정에 쓰이는 술어이고, 슌야따는 개별적인 것들의 부정을 통해 이제 부정의 과정이 끝나고 그 결과로서 절대적인 긍정의 상태가 드러난 것을 말하고 있다.[12]

슌야따[空性]는 사물의 깊이와 무한한 의미와 내용을 가지고 있는 사물의 풍요로움을 드러내는 무한 긍정의 술어

---

10 박인성 외 11인 지음, 『공과 연기의 현대적 조명』, p.79.
11 같은 책, p.80.
12 최봉수, 앞의 책, pp.58~59.

이다. 비유로써 설명하자면, 어떤 나무로 된 구조물에 책을 놓고 보면 책상이 되고, 밥을 놓고 먹으면 밥상이 되고, 차를 놓고 마시면 찻상이 되고, 그것에 걸터앉으면 의자가 되고, 그 위에 누우면 침대가 되고, 그 위에서 옷을 다리면 다림판이 되고, 그 위에 올라서서 전구를 갈아 끼우면 사다리가 되고, 방이 추워서 쪼개어 군불을 때면 땔감이 되고, 강도에게 던지면 무기가 된다… 등등.

그 어떤 하나의 사물이라 해도 어떤 하나의 명칭이나 개념으로 묶을 수 없다. 그 무엇과 어떤 마음으로 어떻게 인연을 짓느냐에 따라 그 어떤 것으로도 될 수 있기에 그 용도와 이름도 달라진다. 그 하나하나의 개별적인 개념과 명칭을 부정하는 것이 순야[空, 없다. 없음]이고, 그러한 개별적인 것들의 부정을 통해 그 어떤 것으로도 될 수 있는 공통성·보편성의 한량없는 긍정적 상태가 순야따[空性, 있음]이다.

책상·밥상·찻상·의자·침대·다림판·사다리·땔감·무기 등등 그 어떤 한 가지의 것으로는 실체적인 것으로 존재하지 않기에 '공[없다]'하다고 개별적으로 부정되고, 또한 그것과 인연 맺기에 따라 그 무엇으로도 될 수 있는 의미와 가치의 무진장한 상태를 '공성[있음]'이라고 한다.

❸ 공과 공성의 의미 요약

(1) 오온 등 일체의 법에는 실체·자성이 없다. 그러나 그
    것들은 연기된 것이므로 허무는 아니다.
(2) 법들에 대해 '~이다'라고 언어적·개념적 분별을 하지
    말고, 나아가 그것들이 '실체적인 것으로 있다'고 집착
    해서도 안 된다.
(3) 법들은 영원불변의 실체로서 있지 않으므로, 조건을
    짓기에 따라서 무한한 변화의 가능성이 열려 있다. 의
    식의 흐름을 최대한 좋은 방향으로 향상시켜 가기 위
    해서는 선업(善業)을 쌓고 수행을 해야 한다. 곧 좋은
    원인과 좋은 조건을 만들어 가야 한다.
(4) 공과 공성은 윤리·도덕의 성립 근거이자, 수행 성립
    의 근거이다.

공(空, 無我)은 허무가 아니며, 모든 사물과 현상은 공[무
아]이기 때문에 성립한다. 사물과 현상들이 공이기에 생멸
하고 업과 업의 이숙(異熟: 輪迴)도 성립한다. 수행도 수행
해서 얻는 지혜도 공이다. 만약 실체적인 번뇌이고 업이고

고(苦)이고 중생이라면 변화시킬 수 있는 방법이 전혀 있을 수 없다. 그래서 불교의 무아[空, 空性]는 '나'가 전혀 없다는 말이 아니라, '실체로서의 나는 없다'는 말이며, 오히려 오온들에 의해 조건 지어진 '연기하는 나이다'라는 말이고, 나아가 '선업을 쌓고 수행하는 나여야 한다'는 말이다.

그러므로 공(空, 無我)이라는 진리는 '나'라는 생각과 집착을 벗어나게 해주며, 삶의 고통을 덜어주고 사람을 선(善)한 길로 인도해 준다. 인과의 진리인 선인낙과(善因樂果) 악인고과(惡因苦果)를 깨닫게 하기 때문이다.

❹ (확실하게 보시었다)

법문을 듣거나 책을 읽어서 얻은 문혜로써 개념적으로 아는 것도 아니고, 그렇게 듣거나 읽은 것을 이치를 바탕으로 사유나 사색을 하여 얻은 사혜로써 이해한 것이 아니라, 수행을 통해 증득한 수혜(修慧)로써, 곧 지혜의 눈으로 직접 보았다는 말이다.

산스끄리뜨 본에는 '빠슈야띠 스마(paśyati sma)'라고 나오는데, 현장 스님은 이 구절을 번역하지 않았다. 그래서 '오온개공'을 앞 문장의 '조견'에 붙여 읽지 않을 수 없게 만들어 버렸고, 그 정확한 의미를 구체적으로 파악하기 힘들게 만드는 결과를 초래했다. '빠슈야띠 스마'를 '지견(知見)'으로 번역해서 '오온개공' 앞에 두었으면 의미를 정확하게 파악하는 데 크게 도움이 되었을 것이다.

조견[vyavalokayati]과 보다[paśyati]라는 두 용어에는 위빳사나(vipassanā는 빨리어이고, 산스끄리뜨는 vipaśyanā이다.)의 문자 구성과 위빳사나 수행의 구체적인 내용이 모두 담겨 있다. 위(vi)는 '둘로, 여럿으로, 나누어서, 가려서'라는 의미를 가지는데, 관찰[√lok]할 때는 신·수·심·법의 사념처를 관찰하고, 볼[√paś] 때는 그것들의 본성(本性)인 무상·고·무아[空]의 삼법인을 지혜의 눈으로 본다는 말이다. 그렇다면 현장 스님은 위야왈로까야띠와 빠슈야띠 두 용어를 합쳐서 '조견'으로 번역했을 수도 있겠는데, 어쨌거나 문장의 정확한 의미 파악을 어렵게 만들어 버렸다.

불교의 전체적인 내용에서 보더라도 열반을 대상으로 하는 도와 과의 지혜를 얻고서 해탈을 실현하는 수행은 팔정도를 갖춘 위빳사나 수행밖에 없다. 범부의 선업(善業)에 들어가는 팔정도는 힘이 약해서 번뇌를 자를 수 없지만, 성인(聖人)의 마음에 들어가는 팔정도는 힘이 강해서 번뇌의 뿌리를 자르고 해탈을 실현하게 한다.

확실하게 본다는 것은 있는 그대로 알고 본다는 것이다. 오온을 '나의 것이다', '나이다', '나의 자아이다'라고 언어적·개념적으로 이해하여 실체적인 나로서 전도(顚倒)되게 생각하는 것이 아니라, 실재로서의 오온과 각 온들의 일어남-사라짐을, 그것의 원인과 결과를, 나아가 실재들의 생멸을 통해 무상·고·무아[空]를 반야의 눈으로 있는 그대로 알고 봤다는 말이다. 알기만 해서는 부족하고 지혜의 눈으로 봐야 집착으로부터 멀어지게 되는 것이다.

다시 말하자면, 반야바라밀을 증득하셨다, 곧 반야를 완성하셨다는 의미이다. 그리고 법들이 무상하므로 괴로움이고, 괴로움이기에 무아[空]이므로, 무아[空]를 본다는 것은 무상도 보고 괴로움도 보는 것을 모두 포함한다. 삼법인에 대한 개념적 이해로는 결코 깨달음을 얻을 수가 없다는 말이다. 실재의 생멸을 통한 삼법인을 모두 봐야만 깨달음을 얻을 수 있게 된다는 것이다.

❺ 모든 괴로움과 재앙을 극복하신다
[도일체고액(度一切苦厄)]

산스끄리뜨 본에는 이 어귀에 대응하는 구절이 없지만, 소본역인 구마라집과 현장역에는 있다. 경전 내용의 흐름에서 앞뒤 의미의 연결과 전달을 좀 더 구체화하고 명확하게 하기 위해서 경전 아랫부분의 '능제일체고(能除一切苦)'의 내용을 미리 끌어다 사용했다고 보면 별문제는 없겠다.

괴로움의 원인은 실체로 있는 것이 아니라, 조건에 의지해서 일어나는 것이다. 중생들의 괴로움과 재앙은 절대자에 의해 주어지는 벌(罰)도 아니고, 우연히 발생하는 것도 아니며, 자기 행위의 결과일 뿐이다.

'모든 괴로움과 재앙을 극복하신다'는 말은 생사윤회로부터 벗어나 완전한 해탈을 성취하게 되었다는 것이다. 다시 말해 붓다의 경지에 이르렀다는 말이다. 관자재보살은 붓다의 자비 덕목을 인격화한 존재이므로 붓다의 화신(化身)이라고 볼 수도 있다. 이러한 측면에서 보면, 관자재보살은 이미 붓다이기도 하다.

아주 큰 괴로움과 재앙인 노·병·사의 법칙에 걸리지 않기 위해서는 이 세상에 다시 태어나지 않아야 한다. 다시 태어나지 않기 위해서는 업력들을 소멸시켜 해탈을 성취해야 하는데, 또한 그러한 업력들을 끊어가기 위해서는 번뇌를 일으키지 않아야 한다. 번뇌를 일으키지 않으려면 아상(我想)과 아집(我執)을 끊어가야 하고, 그러한 아상과 아집 소멸의 전제가 되는 법상(法想)과 법집(法執)을 지워 가고 소유와 영원에 대한 집착을 버리기 위해서는 공성 곧 열반을 대상으로 볼 수 있는 지혜의 눈을 증득해야 한다.

오온을 조견하는 일, 곧 팔정도를 갖춘 사념처 수행을 통해 오온의 무상·고·무아를 확실하게 보는 반야바라밀다를 증득하여 인과의 법칙을 뛰어넘어 생사윤회로부터 완전히 벗어나는 길을 찾아낸 것이 석가모니 붓다의 가장 큰 위대성이다.

인과응보의 법칙에 걸리지 않는 방법을 계발하여, 다시는 삼계(三界) 어디에도 태어나지 않는 방법에 대한 가르침을 펴시고, 어떠한 몸[오온]도 받지 않게 되어 노·병·사의 법칙으로부터 완전하게 자유롭게 되는 길, 곧 해탈의 길로 인도하시는 분이 붓다이시다.

이와 같이 붓다는 괴로움과 괴로움의 소멸에 대해 말씀하신다. 모든 괴로움은 무지에 의한 아집과 법집 때문에 생긴다. 아공과 법공의 두 공에 의해 현현하는 공성[眞如]을 체득해야 하는 이유이다.

괴로움[苦]의 소멸의 문제는 쾌락주의나 고행주의로 해결되지 않는다. 반야의 증득으로 가능하지만, 그것도 세 가지 반야 가운데 수혜(修慧)로써만 해탈이 성취될 수 있다. 오온 등의 실재의 생멸을 보면서 삼법인의 지혜를 얻어야 하고, 깊은 지혜의 힘으로 삼법인 중의 하나를 작의(作意)하면서 삼해탈(三解脫) 가운데 하나의 해탈을 성취하여 성인(聖人)의 흐름에 들어가야만 한다.

수다원이 되지 않으면 퇴전(退轉)이 있게 되므로, 최소한 수다원은 되어야 생사윤회의 괴로움으로부터 완전하게 벗어나는 것이 보장된다. 윤회로부터의 완전한 해탈, 곧 '도일체고액'은 붓다와 아라한에게만 가능한 사건이다.

팔정도를 갖춘 위빳사나 수행[조견]을 통해 반야를 얻고 완성해야 하는 이유

불교 수행의 목적인 생사윤회로부터 해탈하기 위해서는 윤회의 동력이 되는 업력과 그러한 업력의 원인이 되는 번뇌인 탐·진·치를 소멸시켜 가야 하는데, 또 그와 같은 탐·진·치는 아상(我想)·아집(我執)을 근거로 하여 일어나는 것이므로 무엇보다도 먼저 아상·아집을 끊어 가야 한다. 또한 아상·아집을 끊어 가기 위해서는 무아(無我, 空, 空性)를 통찰하는 반야를 얻어야 하며, 그러한 무아[공, 공성]의 반야를 얻기 위해서는 위빳사나 수행으로 반야의 대상이 되는 실재(實在)를 보고, 실재의 생멸을 계속 관찰해야만 한다.

실재의 생멸을 관찰하는 수행을 통해 무상·고·무아의 삼법인의 반야를 체득하고, 더욱 수행력이 깊어져서 우주에 무상·고·무아의 반야들로써 꽉 찰 때 그 가운데 하나를 주의 기울임[작의(作意)] 하면서 세상에 대해 염오와 이욕(離欲)이 생기고, 열반을 보면서 해탈과 해탈지견이 일어나게 된다.

위빳사나 수행의 관찰 대상은 실재[산스끄리뜨 : paramārtha, 빨리어 : paramattha]이다. 우리들이 실재를 보는 데 장애가 되는 것은 개념[산스끄리뜨 : prajñapti, 빨리어 : paññatti]이다. 실재는 사물을 개념화하지 않고서 직접적으로 경험하는 정신적·물질적 과정의 본성이다. 개념은 과거의 기억들과 다른 정보들을 조합해 마음이 만든 허구로서 단어와 의미를 구성하고 감정과 욕망 등을 일어나게 하여 사물을 있는 그대로 보는 것을 방해한다.

수행자는 개념의 굴레에서 벗어나 현상들을 있는 그대로 볼 수 있어야 한다. 실재를 있는 그대로 본다는 것은 물질을 물질적 현상의 연기 과정으로 보고, 정신을 정신적 현상의 연기 과정으로 보는 것이다. 그래야만 오온을 자기와 동일시하지 않아 아상(我想)과 아집(我執)이 형성되지 않는다.

실재는 마음이 만든 것이 아니고 있는 그대로의 것으로서 일상적 실재와 초월적 실재가 있다. 일상적 실재는 연기된 것으로서 물질[色]과 마음[心] 그리고 마음작용[心所]이 있으며 이것들은 생멸한다. 시공(時空)과 개념을 초월해 있는 초월적 실재는 연기된 것이 아닌 열반(涅槃)으로서 생멸하지 않는다.

이러한 수행 대상으로부터 개념적 사고를 해체하고 개념 너머로 가서 있는 그대로의 실재를 보고, 실재의 생멸을 관찰하면서 무상·고·무아의 삼법인을 통찰하고, 나아가 탐·진·치가 소멸된 열반을 보는 마음작용이 반야(般若)이다. 그 완성이 반야바라밀다이고 무상정등각을 증득하게 하는 것이며, 그리하여 완전한 해탈이 있게 된다. 또한 이러한 일련의 내용들은 불교수행의 방법이고 열쇠(key)이며, 핵심이고 요체다.

무상의 지혜는 영원에 대한 생각과 집착을 내려놓게 하고, 고의 지혜는 행복에 대한 갈애와 집착을 내려놓게 하며, 무아의 지혜는 아상과 아집을 내려놓게 한다. 수행이 무르익으면 결국에는 어떤 것도 내려놓을 수 있게 되며, 위빳사나 지혜조차도 놓아버려야 생사윤회의 괴로움으로부터 완전하게 해탈할 수 있게 된다.

(1) 세간의 길[윤회의 국면, 유전문] : 오온을 자아와 동일시함[五取蘊] → 아상·아집을 일으킴 → 탐·진·치의 발생 → 업력을 쌓음 → 생사윤회.

(2) 출세간의 길[해탈의 국면, 환멸문] : 오온의 관찰[사념처 수행 : 위빳사나] → 오온의 무상·고·무아를 통찰[반야] → 아상·아집이 사라짐 → 탐·진·치의 소멸[열반] → 업력의 제거 → 해탈.

4. 오온의 본성은 공성이다

사리자여, 물질 그 자체로부터 별도로 공성은
존재하지 않으며, 공성과 아무런 관계도 없이
별도로 물질이 존재하는 것도 아니다. 물질은
그 본성이 공성이고, 공성을 본성으로 하기에
물질이 존재하게 된다. 느낌과 지각과 형성 작
용과 인식도 바로 그와 같다.

●

사리자 색불이공 공불이색 색즉시공 공즉시색
수상행식 역부여시(舍利子 色不異空 空不異色 色
卽是空 空卽是色 受想行識 亦復如是)

❶ 샤리 부인의 아들
[사리자(舍利子)]

산스끄리뜨 '샤리뿌뜨라(śāriputra)'의 번역어로 음역과 의역이 함께 있다. 사리자는 그의 어머니 이름이 샤리(śāri)이고, 뿌뜨라(putra)는 아들이라는 뜻이므로, '샤리의 아들'이라는 의미에서 사리자(舍利子)라고 음역과 의역을 섞어서 번역한 것이다. 이름 전체를 음사하는 경우에는 사리불(舍利弗)이라 번역한다. 그는 붓다의 십대 제자 중에서 지혜가 가장 뛰어났다고 하여 '지혜 제일 사리자'라고 불린다. 『반야심경』이 반야 곧 지혜를 강조하며 드러내는 경전이므로 설법의 상대자로서 사리자를 등장시키는 것은 자연스럽다.

그는 마가다국의 수도 왕사성[라자그리하]의 북쪽 나라다(ñārada : Nālandā)라는 마을에서 태어났다. 8형제 중에서 가장 총명하였으며, 일찍부터 베다의 깊은 뜻을 이해하고 전통학문을 두루 습득하였다. 처음에는 친구이자 도반이며 역시 붓다의 십대제자 가운데 한 사람으로서 신통제일(神通第一)이라 불렸던 목건련과 함께 육사외도(六師外道) 중의 하나였던 산자야를 스승으로 하여 수학(修學)했다. 그러나 극단적인 회의론자였던 그들의 스승 산자야 아래에서는 도저히 마음의 평안을 얻을 수가 없었다.

그러던 어느 날 붓다께서 최초로 설법하신 녹야원의 다섯 비구 중의 한 사람이었던 앗사지를 만나게 되고, 그를 통해 짤막한 연기(緣起)의 설법을 전해 듣고서 비로소 마음의 평안을 얻게 된다. 앗사지 존자가 암송한 시구는 '괴로움의 원인을 바로 보고, 그 원인을 소멸시키는 방법'에 대해 말씀하시는 것이 붓다 가르침의 핵심 내용이라는 것이었다. 이 일이 있고 난 후에 서로 훌륭한 스승을 구하자고 결의하고 그러한 스승을 만나면 같이 입문하기로 약속했던 목건련과 함께 붓다에게 귀의하였다.

사리자와 목건련이 붓다의 제자가 될 때, 산자야의 제자 250명도 함께 붓다의 제자가 되었다. 두 사람이 산자야의 제자들을 데리고 붓다에게 귀의한 것은 불교사에 있어서 불교교단이 갑자기 확대되는 대단히 중대한 사건이었다.

붓다의 가장 뛰어난 제자였던 사리자는 지혜와 자비의 면에서 붓다에게 가장 가까이 갔던 사람이었다. 그는 붓다를 대신하여 가르침을 펴기도 했고, 붓다를 도와 교단을 유지하고 운영하는 데 힘을 쏟았지만 결국 병을 얻어 붓다보다 먼저 죽게 된다. 그의 죽음에 대한 소식을 접하고 붓다는 아주 쓸쓸한 심정을 토로했고, 그를 존경했던 아난다는 그에 대한 흠모와 슬픈 심정을 고백하며 대성통곡했다고 경전에 전해 온다.

붓다가 이 세상에 계실 때 사리자는 불교교단을 지탱했던 아주 중요한 인물로서 교단 운영에 상당한 영향력을 가지고 있었다. 그래서 그의 이름은 근본 경전에도 자주 나타난다.

❷ 물질은 공성과 다르지 않고 공성도 물질과 다르지 않다
[색불이공 공불이색 (色不異空 空不異色)]

현장 스님은 산스끄리뜨본에서 '색불이공 공불이색'의 앞 문장에 있는 '루빵 슌야따, 슌야따이와 루빰(rūpaṃ śūnyatā, śūnyataiva rūpam)'을 번역하지 않았다. 이 구절은 '색은 공성이고, 공성이 사실은 색이다'라고 해석되며, 오온의 관찰 방법을 설명한 것인데 생략되고, 이러한 관찰의 결과로서 통찰되는 내용을 얘기하는 '색불이공 공불이색 색즉시공 공즉시색'만을 번역했다.[13]

색불이공(色不異空)

물질 현상인 몸의 본성은 공성이라는 말이다. 다시 말해 몸은 고유하거나 독립된 불변의 실체를 갖고 있지 않다는 것이다. 그리고 몸이라는 물질 현상과 공성은 별개의 것이 아니라 단일체로서 확인된다는 의미이다. 나아가 물질 현

---

13 이중표, 『니까야로 읽는 반야심경』, p.127.

상과 공성의 일치를 설명하면서 실체주의의 견해[有見·常見]를 반박하고 있다.[14]

물질은 공성을 떠나 있지 않다. 연기된 것인 유위법[色] 안에 이미 연기된 것이 아닌 무위법[空性]이 있다는 말이다. 물질 현상은 공성을 본성으로 하는 것, 곧 연기의 이치를 바탕으로 해서 연기된 것이라는 의미이다. 물질 그 자체로부터 별도로 물질의 공성은 존재하지 않는다. 다시 말해 물질의 본성이 공성(空性)이라는 의미이다. 물질적 존재를 우리들은 언어적·개념적으로 파악하고 실체시하지만, 물질적인 것의 본질은 연기된 현상으로서 무수한 원인과 조건에 의하여 형성되고 끊임없이 변화하고 있기 때문에 불변(不變)의 실체는 있을 수가 없다.

공불이색(空不異色)

공성과 몸의 관계에서, 공성은 몸과 별개의 것이 아니라 오히려 몸의 특성이며 본성이다. 곧 공성은 몸의 존재 방식이자 존재 이치라는 말이다. 따라서 몸과 공성은 두 개의 독립된 실체가 아니므로, 몸과 몸의 본성[空性]을 통합해서

---

14 텐진 갸초, 주민황 옮김, 『달라이라마 반야심경』, pp.167~175 참조.

보아야 한다. 아울러 공성과 연기된 것인 몸의 일치를 설명하면서 허무주의의 견해[無見·斷見]를 반박한다.[15]

공성은 물질을 떠나 있지 않다. 공성이라는 것이 물질 현상을 떠나 어딘가에 따로 자리를 잡고 있는 것이 아니다. 연기의 이치[空性]에 의해 연기된 것으로서 물질 현상[色]이 있게 되는 것이다. 공성[無爲法]은 색[有爲法]의 안팎에서 그 유위법[色]을 그러한 유위법[色]이게끔 하는 이치이지, 유위법의 안이나 밖 어느 위치에 따로 자리를 잡고 있는 어떤 '사물'이 아니라는 것을 강조하는 말이다.

물질의 공성과 관계없이 별도로 우연히 생기는 물질은 존재하지 않는다. 물질의 공성은 물질이 업에 의해 연기하는 것임을 말하는 것이므로, 업에 의한 연기를 떠나 무궤도적이고 무법칙적으로 우연하게 일어나는 현상들이 아니라는 의미이다.

어떤 연필의 어느 부분에 공성이라는 것이 따로 자리 잡고 있지는 않다. 그러나 수많은 업들을 원인과 조건으로 하여 그 연필이 형성되고 변화해 가는 것은 연필이라는 것이 실체가 없는 공성의 것이기에 그러한 형성과 변화, 그리고 소멸이 있게 되는 것이다.

---

15 같은 책, pp.168~175.

❸ 물질의 본성은 공성이고, 공성을 본성으로 하기에 물질이 있게 된다
[색즉시공 공즉시색 (色卽是空 空卽是色)]

색즉시공(色卽是空)

연기적 물질 현상인 몸은 공성으로 확인된다. 우리가 몸이라고 인식하는 것은 많은 원인과 조건이 모인 결과로 생긴 것이지 몸은 그 자체의 독립적 수단에 의해 생긴 것이 아니라는 것이다. 몸은 많은 요소들로 구성된 물질 현상이다. 그러므로 몸은 어떤 고유하고 독립적인 불변의 실체를 갖고 있지 않으므로 공성이라는 뜻이다. 더불어 모든 물질 현상이 절대적 실체를 갖고 있다는 잘못된 믿음과 견해를 반박한다.[16]

물질의 보편적 특성, 곧 그것의 본성이 공성이다. 물질 현상[色]은 연기의 이치[空性]에 의해 다양하게 생멸하고 있다. 유위법[色]은 무법칙적으로 우연히 생기는 것이 아니라, 무위법[空性]을 본성으로 하여 전개되고 있으므로 바로

---

16 같은 책, pp.168~175 참조.

물질 현상에서 공성을 봐야 한다는 말이다.

물질인 그것이 공성이다. 오온은 유위법만이지만, 그 유위법 안에 무위법이 있다는 말이다. 중생의 몸 등 물질은 업에 의해 연기한 과보이므로 실체가 없다는 공성을 본성으로 한다. 이와 같이 몸과 같은 물질은 연기하는 것이므로 '~이다'라고 고정적인 어떤 것으로 분별할 수 있는 것이 아니다. 물질은 원인과 조건에 따라 생멸의 과정을 계속해 간다. 이처럼 물질적 현상은 생멸하는 것이므로 무상·고·무아[空性]의 것으로서 집착할 만한 것도 못 된다.

색온은 업에 의한 과보이므로 색온 속에 실체는 없다. 불변의 실체가 없으므로 우리는 과거의 몸으로부터 벗어나 더 좋은 몸으로 바꿔 갈 수 있다. 공성의 자각을 통해 과거의 것으로 인하여 허무에 빠지거나 후회할 필요가 없게 된다. 물론 불선(不善)의 조건을 지어갈 경우에 그 과보가 나쁘게 되는 것은 당연한 이치이다. 나쁜 생활 습관이 몸의 건강을 해치는 것도 몸이 공성의 것이므로 잘못 살아온 과보임이 분명해진다. 요약하자면, 건강하던 사람이 병이 드는 것도, 병든 사람이 치유를 통해 건강해지는 것도 모두 몸이 공성의 것이기에 가능한 일들이다.

공즉시색(空即是色)

공성은 물질 현상[몸]의 연기적·의존적 발생으로 확인된다. 공성은 독립되고 고유한 불변의 실체를 가지고 있지 않다는 것이며, 그것이 무존재(無存在·虛無)를 의미하는 것은 아니고, 연기적 발생을 의미한다. 몸은 독립된 실체를 갖고 있지 않기 때문에 다른 현상들로부터 떨어져서 존재할 수가 없다.

따라서 다른 사물들과 상호의존관계에서 변화해 간다. 몸은 불변의 독립되고 확고한 것이 아니라 변화를 겪고 있으며, 거기에 인과법이 적용된다. 다시 말해 물질 현상은 원인과 조건의 상호작용으로 생긴 것이고, 독립된 확고한 실체적 주체를 갖고 있지 않기 때문에 몸은 다른 물질 요소들과 만나 조건으로 상호의존하며 작용할 수 있다.

그러므로 어떤 물질 현상은 다른 것들의 조건이 되고, 이 모든 물질요소들은 확고하고 격리된 독자성을 갖고 있지 않으므로 공성은 몸이 존재하기 위한 기반이며, 사실상 어떤 의미에서는 공성이 몸을 만든다고 말할 수도 있다.

공성은 몸[물질 현상]의 연기적 상호의존적 발생을 가능하게 하는 기반이며, 몸은 공성의 발현 또는 표현이다. 나아가 물질 현상들이 연기적 상호의존적으로 발생하는 공성의

것임을 설명함으로써, 아무것도 존재하지 않는다고 믿는 극단적 허무주의를 반박하고 있다.[17]

공성이라는 보편적 특성[本性]에 의해 물질 현상의 생멸이 있게 된다. 그러므로 무위법[空性]을 본성으로 하고 있는 것이 유위법[色]이다. 무위법[緣起]에 의하지 않는 유위법[연기된 것]은 없다. 공성[무위법, 연기]에 의해 생멸 변천하고 있는 물질 현상[유위법, 연기된 것]이라는 것을 일깨우면서, 물질 현상이라는 것이 결코 집착할 만한 것이 못 된다는 것을 강조하고 있다.

공성인 그것이 물질이다. 물질은 공성을 본성으로 하므로 업들에 의해 연기한 과보가 바로 몸 등의 색온이다. 모든 물질들은 인과관계로서 서로 의존하여 나타나는 공성을 본성으로 하기 때문에 우리는 무한한 창조적 발전 가능성을 가지고 새롭고도 바람직한 미래의 나를 계발해 갈 수 있다.

공성은 이치이므로 어디에서든 동일하다. 업력의 내용에 따라 과보에 차이가 나는 것이다. 이러한 공성의 자각은 미래를 향한 무한한 발전 가능성에 대한 희망 성취의 진정한 출발점이다. 그래서 불성(佛性)은 공성의 의미 확장이지 불

---

17 같은 책, pp.169~175 참조.

성이라는 어떤 것이 중생의 몸 어딘가에 자리 잡고 있는 것은 아니다. 이와 같이 물질은 공성을 본성으로 하기에 세상에는 인연에 따라 다양한 물질적 현상들이 나타나고 있는 것이다.

空(性)	卽是色 (등 五蘊)
공성	– 공 [유위법의 실체 부정, ~없다]
연기	– 연기법 [연기된 것]
무위법	– 유위법 [인연화합법]
법성	– 법 [정신과 물질]
유식성	– 유식 [마음]

그러므로 어떤 물질이나 몸 등의 오온을 고정불변의 것으로 분별하여 개념적 실체로 보아서도 안 되고, 그러한 것들을 '나' 또는 '나의 것'으로 집착해서도 안 된다. 언어적·개념적 분별[邪見, 無知]과 집착[갈애, 취착] 때문에 괴로움의 세계가 있게 되고, 또한 그것이 반복되고 있는 것이다. 수행을 통해 지혜를 증득하여 잘못된 분별과 집착을 내려놓아야 실재와 그것의 본성을 보게 되고, 나아가 몸 등 오온에 대해 염오(厭惡)·이욕(離欲)하게 됨으로써 모든 괴로움으로부터 해방[解脫]될 수 있다는 가르침이다.

❹ 느낌·지각·형성 작용·인식도 바로 그와 같다
[수상행식 역부여시 (受想行識 亦復如是)]

공성을 보는 네 가지의 방식을 설명한 다음, 몸의 공성을 볼 때와 마찬가지로 나머지의 구성요소인 수·상·행·식에 대해서도 이런 방법을 적용해서 공성을 보라고 경전에서는 제안하고 있다. 수많은 원인과 조건에 의해 형성된 사물·현상은 몸과 정신을 구성하는 다섯 가지 요소인 오온의 범주 안에 포함된다.[18]

느낌·지각·형성 작용·인식들도 각각 그 자체로부터 별도로 공성은 존재하지 않으며, 공성과 관계없이 별도로 우연하게 존재하는 것도 아니다. 또한 그것들도 업에 의해 연기된 과보이므로 공성을 본성으로 하고, 공성을 본성으로 하기 때문에 업에 의해 연기된 과보로서 존재하게 되는 것이다.

그러므로 각자의 미래는 그 자가 오늘 하는 생각과 말과 행동의 세 가지 업에 의해 형성되고 펼쳐지게 된다. 자신이

---

18 같은 책, p.176.

지은 업에 따른 과보는 필연적인 것으로, 모든 자기 행위의 결과는 반드시 자기에게 미친다. 느낌·지각·형성 작용·인식들도 실체가 없는 공성의 것이므로 인연 짓기에 따라 무한한 가능성의 문이 열려 있고, 공성의 자각을 통해 보시와 지계의 공덕에 의한 부귀(富貴) 등의 상대적 행복으로부터 수행의 공덕에 의해 생사윤회로부터 해탈할 수 있는 절대적 행복까지 성취할 수가 있게 되는 것이다.

'색불이공 공불이색 색즉시공 공즉시색 수상행식 역부여시'는 반야바라밀다행을 실천하는 방법을 묻는 사리자의 질문에 대하여 관자재보살이 오온 등을 조견하는 방법을 설명하면서, 오온의 실체[自性]가 공(空)하다[없다]고 관찰해야 한다고 대답한 핵심 내용이다. 중생이 자아라고 생각하는 오온을 색·수·상·행·식으로 해체하여 각 법들로 관찰한 결과로서 그 관찰한 내용을 말한 것이다.

반야로써 통찰한 각 온들 곧 법들은 공성(空性)을 본성으로 하며, 업의 과보로서 연기하는 것으로 존재한다. 우리가 자기 동일성을 지닌 영속적인 자아라고 생각하고 애착하는 그러한 자아는 없고, 업력에 의해 연기하고 있는 현상적 자신은 다양한 법들의 일시적인 집합체에 불과하다. 실체적인 자아라고 생각했던 오온을 해체하여 그 각각의 법들의 공성을 봐야 영혼이라는 개념이 깨지고 실체적 자아의 관념과 자기중심적 사고로부터 벗어날 수 있다. 법[실재]의 생멸을 봐야 삼법인을 보게 되고, 삼법인의 작의(作意)를 통해야만 열반을 증득하고 삼해탈을 성취할 수 있는 것이다.

5. 공성의 특징을 가진 것들은 발생과 소멸 등이 없다

사리자여, 여기서 모든 법은 공성의 특징을 가지므로 발생하지도 않고 소멸하지도 않으며, 더럽지도 않고 깨끗하지도 않으며, 늘어나지도 않고 줄어들지도 않는다.

●

사리자 시제법공상 불생불멸 불구부정 부증불감(舍利子 是諸法空相 不生不滅 不垢不淨 不增不減)

❶ 모든 법은 공성의 특징을 가지므로
[제법공상(諸法空相)]

공상(空相)은 산스끄리뜨 슌야따 락챠나(śūnyatā-lakṣaṇā)를 번역한 말인데, 여기서는 소유복합어의 형태이므로 '공성의 특징·속성을 가진 것'이라는 의미이다. 그래서 '제법공상'은 '모든 법들은 공성(空性)을 특징으로 한다'는 뜻이다. 모든 법들이란 의식의 대상으로서 일반적으로는 정신과 물질을 말한다. 좀 더 나누어 보면 인연화합으로 생긴 마음[心]·마음 작용[心所]·물질[色]과 인연에 의해 형성되지 않은 열반이 있다. 그래서 마음과 마음 작용과 물질을 유위법(有爲法)이라 하고, 열반을 무위법(無爲法)이라고 한다.

이 법들은 모두 공성을 특징으로 하므로 실체는 없지만, 고유의 성질을 가지고 있는 실재로서 허무(虛無)는 아니다. 조금 더 구체적으로 말하자면, 유위법만을 포함하고 있는 오온에서 색·수·상·행·식의 각 온(蘊)들이 법이다. 이러한 각각의 법들은 원인과 조건에 의해 형성된 것으로서 실체가 없다는 공성을 본성으로 하고 있다는 말이다.

❷ 발생하지도 않고, 소멸하지도 않으며
[불생불멸(不生不滅)]

　　모든 법은 근원적으로 공성을 특징으로 하므로 발생하는 것도 아니고, 소멸하는 것도 아니다. 사물은 인연에 의해 발생하기 때문에 실체로서 발생하는 것이 아니다. 발생이라는 실체는 따로 없다. 실체로서의 발생을 부정하는 것이지 인연에 의한 발생 현상을 부정하는 것은 아니다. 소멸하는 것도 아니라는 말은 인연의 힘이 다해서 소멸 현상이 있게 되는 것이지, 실체를 가진 소멸은 없다는 것이다. 소멸이라는 실체가 따로 존재하는 것이 아니기 때문이다.

　　모든 사물이 공성을 특징으로 하므로 이 세상은 끊임없이 변해 가고 있다. 물론 거기에 발생이라는 실체와 소멸이라는 실체가 있는 것은 아니다. 어떤 것이거나 실체가 있다면 거기에 변화는 있을 수가 없다. 또한 전(前) 찰나의 생멸과 후(後) 찰나의 생멸의 내용이 결코 똑 같을 수도 없다. 그렇게 인연에 따른 변화의 흐름이 영원히 계속된다.

❸ 더럽지도 않고 깨끗하지도 않으며
[불구부정(不垢不淨)]

더러움과 깨끗함 등 모든 가치적인 것들의 부정이다. 모든 법들은 공성을 특징으로 가지기 때문에 더러움도 깨끗함도 모두 마음에서 연기하는 것이다. 더러움이라는 실체나 깨끗함이라는 실체는 없기 때문에, 공성의 견지(見知)에서는 더럽다거나 깨끗하다고 말할 수 없다는 의미이다. 불교에서는 더러움이라 불리는 산란심과 탐·진·치의 삼독심을 수행의 힘으로 끊어갈 수가 있다.

또한 수행하기 전에는 일으킬 수 없었던 삼매나 무탐·무진·무치의 깨끗한 마음 작용을 수행을 통해 증득할 수가 있다. 이와 같이 있던 것을 없앨 수 있고, 없던 것을 있게 할 수 있는 것은 법들이 연기하는 것으로 있다는 공성을 특징으로 하기 때문에 가능한 일들이다.

❹ 늘어나지도 않고, 줄어들지도 않는다
[부증불감(不增不減)]

공성을 특징으로 하는 모든 법은 늘어나지도 않고 줄어들지도 않는다. 공성의 입장에서는 증가나 감소가 성립하지 않는다는 말이다. 증가나 감소라는 실체도 없지만, 공성의 입장에서 보면, 전 찰나의 것과 후 찰나의 것은 동일한 것이 아니기에 찰나 찰나에 변화하고 있는 어떤 사물을 두고 늘어났다거나 줄어들었다고 말할 수가 없다는 의미이기도 하다.

그러므로 증가와 감소는 연기된 것들 사이의 변화에 붙인 명칭일 뿐이다. 물론 세속제의 입장에서는 행복이라는 과보를 위해 공덕을 늘려 가고 번뇌를 줄여 가는 정진(精進)은 아주 중요한 일이다. 당연히 부증불감이 이러한 인과(因果)를 부정하는 말은 아니고, 오히려 법들이 공성이기에 그러한 노력이 좋은 과보를 가져올 수 있다는 것을 강조하는 것이다.

한편 부증불감이 질량 불변의 법칙이나 역학적 에너지 보존의 법칙을 말하는 것은 아니다. 불교의 내용이 자연과학과 배치되는 것은 아니지만, 그렇다고 해서 불교가 자연과학의 길을 가자는 것은 아니다. 불교는 생사윤회로부터 해탈하는 길을 간다. 그 길은 법집과 아집과 번뇌와 집착과 업력을 모두 지워 가고 내려놓는 괴로움 소멸의 길이다.

'불생불멸 불구부정 부증불감'은 승의제의 입장에서 생멸, 구정, 증감이 부정된다는 것이지, 연기 현상으로서의 생멸, 구정, 증감을 부정하는 것은 아니다. '소금'이라는 이름과 개념은 짜지 않다. 생멸과 구정과 증감은 개념이고 이름일 뿐이다. 그래서 공성의 입장에서 보면 부정될 수밖에 없다. 언어나 개념에 의해 두 가지 상대적인 것들을 세우면 실체적 사고로 전도되고 탐착이나 혐오로 반응하게 되는 위험성이 뒤따르기에 부정을 통해 미리 그러한 허물을 차단하고자 하는 것이다.

사실 생멸 등의 상대적인 개념들은 뿌리가 하나이고, 동전의 양면과 같은 것이다. 그 어느 것도 갈애하거나 취착할 만한 것이 못 된다. 사물들을 고립적·실체적으로 생각하지 않고 상호의존적 상관관계에서 파악하면 생멸·구정·증감 등의 개념적 모순은 사라질 것이다. 현실 속에서 독립적으로 실체로서 존재하는 것은 아무것도 없다. 실체는 우리의 관념이 형성한 것일 뿐이다. 마치 토끼 뿔이나 거북 털처럼.

인연화합법[유위법]을 실체적 존재로 보지 말고, 연기적 양상이나 과정으로 보아야 한다. 그렇게 볼 수 있어야 법들의 무상·고·무아를 볼 수 있게 되고, 번뇌와 업력을 끊어 가는 해탈의 길로 접어들 수가 있다는 말이다.

6. 오온·십이처·십팔계의 본성은 공성이다

그러므로 공성에서는 물질이 없고 느낌·지각·형성 작용·인식도 없고, 눈·귀·코·혀·몸·생각도 없고, 형색·소리·냄새·맛·감촉·생각된 것도 없고, 눈의 영역도 없고 내지 의식의 영역도 없다.

●

시고 공중무색 무수상행식 무안이비설신의 무색성향미촉법 무안계 내지무의식계(是故 空中 無色 無受想行識 無眼耳鼻舌身意 無色聲香味觸法 無眼界 乃至無意識界)

❶ 공성에서는 오온의 법들이 없다
[공중무색 무수상행식(空中無色 無受想行識)]

슌야따양(śūnyatāyāṃ)이라고 하여 '공성(空性)의 입장에서 보면' 색·수·상·행·식이라는 오온의 법들이 없다는 것이다. 문법적으로 '공성에서는(空中)'이라는 말이 이후 뒷문장의 '무득(無得)'까지 '무(無)' 자(字) 앞에는 모두 생략되어 있다. '공성에서는'이라는 전제가 없다면 허무주의에 빠지고 만다. '공성의 입장에서 보면 ~이 없다'라는 말은 어떤 법[실재]들이 변치 않는 실체로서 있는 것은 아니지만, 연기하는 것으로는 있다는 것이다.

대부분의 사람들은 조금의 반성도 없이 오온을 '실체적인 나'라고 생각하고 집착하며 말하고 행동한다. 왜냐하면 오온의 각 온들이 '나'라는 관념의 근거가 될 만한 가장 대표적인 것들이기 때문이다. 그러나 오온의 조견을 통해 오온도 공성을 본질로 하는 것임을 통찰하게 되면, 오온을 자기와 동일시하는 인식이 깨어지고, 자기의 몸과 마음에 대한 영원하고 즐겁고 청정하다는 전도된 생각에서도 벗어나게 된다.

'나'라는 존재는 오온, 곧 색·수·상·행·식의 적집(積集)일 뿐이다. 그러므로 '나'라는 실체는 없다. '나'라는 존재를 다섯 가지의 온들로 해체해서 보면, 각 온들의 무상·고·무아를 통찰하게 된다. 이러한 법들도 실체가 없다. '나'를 오온으로 해체해서 보면 '나'라는 존재는 단지 개념에 지나지 않는다. 초기불교에서 이런 개념적 존재를 법들로 해체해서 보는 것은 법들의 무상과 고와 무아를 밝히기 위해서이다. 오온의 무상·고·무아야말로 소멸[涅槃]로 가는 구체적인 방법이며, 사성제에서 보자면 집(集, 渴愛)을 제거하는 구체적인 방법인 것이다.[19]

초기불교도 이와 같이 법공(法空)을 논리적으로 드러내고 있다. 이러한 분석적이고 해체적인 방법은 수행을 통해 직관과 통찰로 귀결된다. 끊임없는 수행으로 수행자는 온이라는 법들의 무상·고·무아를 통한 염오―이욕―해탈―구경해탈지를 완성해야 한다는 것이 오온설의 중요한 메시지이다. 열반을 증득하고 해탈을 실현하는 과정에 여섯 단계가 있다. 붓다께서는 나와 세상 등의 개념적 존재 일반을 오온·십이처·십팔계 등의 법으로 해체해서 설하신다. 이렇게 법들로 해체해서 보아야 법들의 보편적 특징인 무

---

19 각묵, 앞의 책, p.155.

상·고·무아를 통찰할 수 있기 때문이다. 이와 같이 무상·고·무아를 통찰함으로써 현상들에 대해 염오하게 된다. 염오가 일어나면 탐욕이 빛바래고, 탐욕이 빛바래므로 해탈한다. 해탈하면 해탈했다는 지혜, 곧 구경해탈지가 일어난다.[20]

20 같은 책, pp.139~144 참조.

❷ 언어에 대응하는 개념적인 것, 실체적인 것으로서는 없다
[없다[無]]

'없다[無]'는 말은 언어의 부정(否定)도 아니고, 사유의 부정도 아니며, 이 세계의 부정도 아니다. 언어에 문제가 있는 것이 아니라, 언어에 대응하는 개념적인 것들이 실체적으로 존재한다고 생각하고 집착하는 그 사람의 마음에 문제가 있을 뿐이다. 무시이래 집착으로서의 '있음'을 부정하면서, 사람들의 비자각적인 사고를 비판하고 일상의 무반성적인 태도를 완전히 바로 잡겠다는 것이다. 세상의 모든 개념적 허구를 지워버리고 사물의 본성인 공성을 보라는 말이다.

위빳사나라는 반야[智慧] 수행은 개념이 멈추는 곳에서 시작된다. 중생들은 대부분 단지 자기의 무지와 욕망과 분노를 행위[業]로 옮기고 괴로움을 받는다. 수많은 언어와 개념에는 수많은 끄달림이 있다. 수행은 매 순간 고요하게 깨어 있음을 가능하게 하여 모든 것을 내려 놓아버리는 것을 배우는 것이다. 사물을 지금 여기 있는 그대로 볼 수 있는 반야를 증득하여 공성을 볼 수 있어야 번뇌와 집착을 내려놓게 되고, 비로소 생사윤회로부터 벗어날 수 있게 된다.

아집과 법집이 소멸한 자리에서 현현(顯現)하는 것이 공성이다. 공성은 '없음의 있음'을 특성으로 한다. 그러므로 여기서 '없다'는 표현은 실체와 집착의 부정이지만, 연기의 긍정이다. 진실로 있다고 말할 수 있는 것은 공성뿐이다. 그러나 수행자는 공성에 대한 집착 또한 내려놓아야 한다. 진리에 대한 집착도 불선법(不善法)일 뿐이기 때문이다. 요약하자면, 『반야심경』에서 말하는 무(無)는 유(有)에 상대되는 무(無)가 아니고, 유(有)와 무(無)를 초월한 공(空)이다. 그러므로 집착을 떠나게 하기 위한 방편으로서의 '무[없다]'이고, 유와 무를 초월한 무한 긍정[공성]으로서의 '무[없음을 통한 무한한 있음]'이다.

❸ 공성에서는 십이처의 법들이 없다

[무안이비설신의 무색성향미촉법(無眼耳鼻舌身意 無色聲香味觸法)]

　십이처(十二處)란 마음이 발생하는 근거·토대·바탕을 말한다. 근(根)과 경(境)이 만나서 주체와 객체를 매개하는 인식활동[識, 마음]이 일어나는 것을 보여준다. 육근은 안·이·비·설·신·의라는 여섯 가지의 감각기관을 말하는데, 마음이 발생하는 근거·토대가 될 때는 육내입처(六內入處)라고 한다. 우리들은 여섯 가지의 감각기관을 통해 외부세계의 인식대상[境]을 인식하는데, 그 대상이 되는 색·성·향·미·촉·법을 육경(六境)이라 하고, 마음이 발생하는 근거·바탕이 될 때는 육외입처(六外入處)라고 지칭한다.

　세상 혹은 존재하는 모든 것은 육내입처와 육외입처가 만나는 것을 떠나서는 존재할 수 없다. 십이처설은 마음의 발생을 설명하면서, 나와 세계가 각자의 마음에서 연기하고 있다는 것을 보여주는 교리이다. 세계는 각자의 경험세계이고 그래서 각자의 마음을 떠나서는 아무런 의미가 없다. 이처럼 세상이나 일체라는 개념적 존재를 수행을 통해 열두 가지의 법[실재], 곧 눈·귀·코·혀·몸·생각의 여섯 가지 안의 감각 장소와 형색·소리·냄새·맛·감촉·생각된 것의 여섯 가지 밖의 감각 장소로 해체해서 보면, 무상·고·무아가 분명하게 드러나고, 이를 통해 염오─이욕─해탈─구경해탈지를 완성해서 궁극의 행복인 완전한 해탈을 실현한다는 것이 공성의 입장에서 보는 십이처 교설의 핵심이다.[21]

모든 마음과 번뇌들은 육내입처와 육외입처를 조건으로 하여 일어난다. 그러나 육내입처와 육외입처도 조건에 따라 일어난 법들이고, 마음과 번뇌들도 십이처를 조건으로 하여 일어난 법들이므로, 이러한 조건발생의 법들은 모두 실체가 없다는 공성을 본성으로 한다.

그래서 육내입처를 '나의 몸과 마음이다'라거나 육외입처를 '어떤 사물이며, 어떤 세상이다'라고 고정적인 어떤 것으로 분별할 수가 없다. 또한 순간순간 조건에 따라 일어나 생멸을 거듭하므로 무상하고 괴로움이며 무아의 것이므로 집착할 만한 것도 아니다. 이것이 '공성에는 십이처의 법들이 없다'라는 말이 전하고자 하는 내용이다.

21 같은 책, pp.190~192.

❹ 공성에서는 십팔계의 법들이 없다
[무안계 내지 무의식계(無眼界 乃至 無意識界)]

십팔계(十八界)란 분리되지 않은 열두 가지의 처(處: 감각
장소)가 여섯 가지의 마음[識] 발생으로 인해 열여덟 가지의
각기 다른 계역·영역으로 구분된다는 의미이다. 여섯 가지
의 감각기능이 여섯 가지의 감각대상을 만나면, 여섯 가지
의 마음이 생겨난다. 이렇게 조건에 따라 발생하는 여섯 가
지의 마음을 십이처에 포함하여 열여덟 가지의 인식영역으
로 분류한 것이 십팔계의 교설이다. 십팔계의 가르침은 마
음이란 것도 절대적인 것이 아니라, 감각기관과 감각대상
이 만나서 생기는 조건발생의 법이고, 찰나에 생멸하는 것
임을 분명하게 보여준다.

십팔계의 구조는 누구에게나 동일할지라도, 그 내용에
있어서는 각기 다를 수밖에 없다. 근과 경과 식이 만나 인
연화합하면서 '찰나생·찰나멸'하므로, 우리는 보고 듣고 느
끼고 생각할 수 있는 것이다. 그러므로 그 어느 것도 실체
적인 것으로 존재할 수가 없다. 수행을 통해 이러한 열여덟
가지의 법들을 관찰하게 되면, 무상·고·무아라는 보편적

특징들을 분명하게 통찰할 수 있고, 이를 통해 염오-이욕-해탈-구경해탈지를 완성해서 최상의 행복인 완전한 해탈을 성취할 수 있다는 것이 공성에서 보는 십팔계설의 구체적인 내용이다.

살펴본 것처럼 십이처에서는 여섯 가지의 식(識)이 의(意)에 포함되어 나타나고, 십팔계에서는 의(意)와 여섯 가지의 식(識)은 구분이 되고 있다. 물론 의(意)는 의식(意識)이 발생하는 토대나 감각장소[入處]의 역할을 하지만, 의(意, mano)는 물질이 아니고 정신이다. 그러므로 의(意)는 심(心)이나 식(識)과 같이 대상을 아는 것으로 설명될 수밖에 없다. 이렇게 살펴봄으로써 절대적이고 영원한 세상이라든지, 절대적이고 영원한 존재[자아, 영혼]라는 고정관념을 극복할 수 있고, 개념으로부터 벗어나게 된다.

하지만 십이처를 조건으로 하여 마음이 발생된 후에 벌어지는 십팔계의 그 어느 영역도 실체적으로 존재하는 것은 아니다. 마음발생의 조건이 되는 십이처와 그것을 조건으로 해서 일어나는 마음이 모두 조건 발생의 것이므로 공성을 본성으로 한다. 위빳사나 수행을 통해 십팔계의 법들이 공성을 본질로 한다는 것을 통찰하게 되면, 그러한 법들에 대한 실체적 인식과 집착을 모두 내려놓게 된다.

이처럼 존재하는 모든 것을 십이처나 십팔계로 해체해서 보면, 모든 존재 현상의 무상·고·무아가 명백하게 드러난다. 그리고 삼법인[三特相]을 통찰하면, 그것들을 염오하게 되고 염오하면 이욕(離欲)하게 되고, 이욕하면 열반을 체험하게 되고, 열반을 체험하고 해탈하게 되면, '태어남은 다 했다. 청정범행은 성취되었다. 해야 할 일을 다 해 마쳤다. 다시는 어떤 존재로도 돌아오지 않을 것이다.'라고 분명하게 아는 구경해탈지(究竟解脫智)가 일어난다.[22]

다시는 태어나지 않으므로 늙고 병들고 죽을 일이 없다. 그야말로 모든 고통의 완전한 소멸이다. 이것이 불교의 궁극적인 목적이다.

---

22 같은 책, pp.194~199.

7. 십이연기의 본성은 공성이다

(공성에서는) 무명도 없고 무명의 소멸도 없으며, 내지 노사도 없고 노사의 소멸도 없다.

●

무무명 역무무명진 내지무노사 역무노사진(無無明 亦無無明盡 乃至無老死 亦無老死盡)

❶ 공성에서는 십이연기의 유전문도 없고, 환멸문도 없다

[무무명 역무무명진 내지무노사 역무노사진 (無無明 亦無無明盡 乃至無老死 亦無老死盡)]

이 구절 앞부분의 산스끄리뜨 경문을 번역하면, '지혜가 없고(na vidyā) 무명도 없다(na avidyā). 지혜의 소멸이 없고(na vidya-kṣya) 무명의 소멸도 없다(na avidya-kṣya)'는 의미이다. 그런데 한역(漢譯)에서는 '무명도 없고 무명의 소멸도 없다.' 라고 줄여서 번역하였다.

뒷부분의 '내지 무노사 역무노사진'의 구절에서는 십이연기의 항목들을 모두 나열하여 없다[無]고 하지 않고, '내지' 라는 말로 압축하여 표현하고 있다. '내지'는 '무명'과 '노사' 사이에 있는 '행·식·명색·육입·촉·수·애·취·유·생'을 포함하는 말이다.

연기의 가르침은 괴로움의 발생 구조[유전문]와 괴로움의 소멸 구조[환멸문]를 밝히고 있다. 무명 때문에 오온이 형성되고 노(老)·병(病)·사(死)의 법칙에 휘말려 괴로운 삶을 사는 것이다. 이것을 통찰한 것이 십이연기의 유전문(流轉門)이다.

이러한 사실을 분명하게 보고서 수행을 통해 지혜를 증득하여 무명을 사라지게 하면 괴로움에서 벗어날 수 있다는 것이 십이연기의 환멸문(還滅門)이다. 십이연기의 유전문과 환멸문은 십이연기의 각 항목이 실체가 없는 공성의 것들이기에 일어날 수 있는 일들이다.

요약하면 노사가 있게 되는 과정을 관찰하는 것이 연기의 유전문이고, 노사를 없애는 과정을 관찰하는 것이 연기의 환멸문이다. 붓다는 유전문의 역관(逆觀)을 통해서 괴로움의 원인[집성제]을 찾았고, 유전문의 순관(順觀)을 통해서 결과[고성제]를 확인했다.

노사 등의 괴로움이 무엇을 원인으로 하여 있게 되었는가를 관찰하며 사유한 것이 유전문의 역관이고, 무엇이 없으면 노사 등의 괴로움도 없을 것인가를 관찰하며 사유한 것이 환멸문의 역관이다.[23]

물론 이렇게 관찰하고 사유하는 이유는 생사의 윤회로부터 해탈하기 위해서이다.

그렇지만 공성의 입장에서 보면 십이연기의 각 항목과 유전문, 그리고 환멸문조차도 부정된다. 십이연기의 각 항

---

23 이중표, 앞의 책, p.226.

목들도 연기한 것이므로 실체가 없다. 그러므로 수행을 통해 지워갈 수가 있는 것이다. 또한 실체가 없으므로 집착하는 대로 될 리도 없지만, 그 실상을 보면 윤회의 괴로움을 있게 하는 것들이어서 집착할 만한 것도 못 된다.

무명의 멸진으로부터 노사의 멸진까지를 말하는 환멸문도 실체도 없지만 깨달음의 문이라고 욕심을 내고, 해탈의 문이라고 집착하게 되면 번뇌가 되고 불선법이 되어 도리어 괴로움의 원인이 되어 버린다.

그러므로 이와 같이 공성의 입장에서 십이연기를 부정하는 것은 십이연기에 대한 실체적 인식과 집착을 버려야 한다는 것을 강조하고 있는 것이다.

존재를 형성하는 모든 항목들을 놓아버리고, 오온을 구성하는 조건에 매인 현상들을 떠나, 모든 연기관계로부터도 자유로운 상태가 열반이고 해탈로 가는 문이다. 이것은 공성을 체득하여 반야바라밀다를 성취한 자의 경지이다.

❷ 십이연기 각각의 항목에 대한 설명

무명(無明, avidyā)

지혜[明]가 없다는 의미인데, 경에서는 '괴로움에 대한 무지(無知), 괴로움의 일어남[원인]에 대한 무지, 괴로움의 소멸에 대한 무지, 괴로움의 소멸로 인도하는 도의 실천에 대한 무지'로 정의하여 사성제에 대한 무지라고 말한다. 삼계윤회의 근본원인이 되는 무명은 바로 사성제에 대한 무지이다. 사성제를 모른다는 것은 실재를 모르는 것이고, 인과의 연기를 모르는 것이고, 무엇이 선법인지 불선법인지를 모르는 것이다.

그런데 십이연기 역관에서의 무명은 구체적인 어떤 내용을 갖는 것이 아니라, 생사윤회가 연기한다는 사실에 대해 무지한 상태를 의미한다. 깨달음을 얻기 전에는 이러한 진실을 몰랐다는 사실이 십이연기의 무명인 것이다.[24]

무명은 모든 불선한 것의 뿌리이며, 모든 불선심과 항상

---

24 같은 책, p.219.

함께 생긴다. 이러한 무명은 수다원도를 증득한다고 해서 모두 다 소멸되는 것이 아니다. 사성제를 완전하게 증득해서 열 가지 족쇄를 모두 소멸시킨 아라한이 되어야만 무명은 완전히 사라지게 된다. 무명은 미래에 결과를 생산하는 힘이 되는 업[行]을 형성하는 으뜸가는 조건이다.[25]

행(行, saṃskāra)

의도적 행위를 말하며, 경에서는 마음의 의도적 행위[意業], 몸의 의도적 행위[身業], 말의 의도적 행위[口業]의 세 가지 의도적 행위들을 들고 있다. 과거에 행한 선(善)·악(惡)의 모든 행위이며, 미래에 결과[果報]를 낳는 힘을 가지고 있다. 전생에 임종을 맞은 중생의 마지막 자와나(javana)[26] 과정에서 나타났던 특히 강한 하나의 의도적 행위가 그 업이 익기에 적절한 세상에서 재생연결식[27]으로 일어난다.

---

25 대림 외 1인 옮김, 『아비담마 길라잡이 2』, p.187.
26 자와나(javana)는 '재빠름, 신속함'의 문자적인 뜻 그대로 속행(速行)으로도 번역한다. 일단 대상이 무엇이라고 결정되고 나면 일어나는 일련의 인식 과정을 말한다. 아라한의 경우를 제외하고서 모든 존재들에게 속행은 업을 짓는 마음이다.
27 빨리어 빠띠산디윈냐냐(paṭisandhi-viññāṇa)를 번역한 말로서 금생과 내생을 연결하는 마음이다. 아비담마에 의하면 중생들은 죽는 순간에 업이나 업의 표상, 그리고 태어날 곳의 표상 중에서 하나가 나타나는데 그것을 대상으로 하여 재생연결식이 생긴다고 한다. 아비담마에서는 이 재생연결을 한 생의 출발로 보고 있다.

식(識, vijñāna)

십이연기의 구조에 나타나는 식은 과보로 나타난 마음이므로, 탁태(托胎)되는 순간의 명색의 조건이 되는 재생연결식을 말한다. 모태(母胎)에 드는 이번 생의 첫 마음, 곧 한 생의 최초의 마음이다. 그 생에서의 정신과 물질은 바로 이 재생연결식에 의해서 생긴다. 전생의 무명과 갈애가 그것의 원인이 된다. 그 후 삶의 과정에서 쌓은 다른 업들은 그 환경에 따라서 다른 과보로 나타난 식(識)들을 일어나게 한다.[28]

여기서 정신[名]은 과보의 마음과 그것과 연결된 심소들을 뜻하고, 물질[色]은 업에서 생겨난 물질들을 의미한다.[29]

유식불교에서 식지(識支)의 내용을 알라야식으로 보는 것도 맥락이 비슷하다. 이러한 재생연결식과 전생의 선·악업들의 업력에 의해 명색이 형성되게 된다.

명색(名色, nāma-rūpa)

재생연결식에 의한 모태에서의 정신·물질의 출현과 증

---

28 대림 외 1인 옮김, p.187.
29 같은 책, p.187.

장(增長) 현상이다. 탁태(托胎) 이후의 명색의 조건이 되는 마음은 삶의 과정에서 일어나는 과보의 마음뿐만 아니라, 여러 전생에서 지은 선·악업의 마음들을 모두 포함하는 의미를 가지고 있다. 정신은 오온 가운데 수·상·행·식이고, 물질은 색이다. 식이 없이 수·상·행이라는 마음 작용들은 일어날 수 없다. 물질은 네 가지 근본물질[四大]과 네 가지 근본물질의 적집으로 생기는 파생물질을 포함하는 말이지만, 좁은 의미로는 육체를 가리킨다. 연기 구조에서의 명색은 모태에서의 오온 형성과 태어난 뒤의 마음과 몸을 아우르는 용어이다. 업에서 생긴 물질들이 일어날 때, 이들은 다섯 가지 감각장소가 일어나는 조건이 된다.[30]

그리고 마음과 마음 작용들이 일어날 때, 그들은 육입처를 일어나게 하는 조건이 된다.

육입(六入, ṣaḍ-āyatana)

육내입처(六內入處)라고도 하며, 내부의 감각장소로서 안근(眼根)·이근(耳根)·비근(鼻根)·설근(舌根)·신근(身根)·의근(意根)의 여섯 가지의 감각기관 또는 감각능력을 말한다.

---

30 같은 책, p.187.

현대과학으로 보자면, 오근(五根)은 각 감각기관의 신경 또는 신경전달물질을 말하는 것이다. 그리고 의근(意根)은 인식기관에 해당하며 인식능력을 의미한다. 촉은 육입이 있을 때만 일어날 수 있으므로, 촉은 육입을 조건으로 한다고 하는 것이다.

촉(觸, sparśa)

근(根)과 경(境)과 식(識), 셋의 화합으로 일어나는 인식적 접촉으로서 직관적 감각작용이다. 사유나 지각이 일어나기 전에 자기 몸의 변화를 자기도 모르게 느끼는 것이다. 의식적·의지적으로는 자기 몸의 변화를 일부밖에 감지를 못한다. 자기이지만 자기도 모르는 사이에 일어나는 일들이 많다. 촉도 바로 그러한 마음 작용이다.

이와 같이 촉은 고(苦)나 낙(樂)의 느낌이 생기기 이전에 인식대상의 자극에 의해 감각기관[根]의 변화에 감촉되어 그 변화를 감지하는 마음의 작용[心所]이다. 여러 마음들을 한 대상으로 통합하여, 마음과 마음 작용들을 흩어지지 않게 한다. 촉이 일어날 때 느낌은 같은 촉의 조건에 따라 동시에 일어난다. 촉은 마음이 대상과 만나는 것이고, 그리고 그 인식적 접촉은 반드시 특정한 정서적인 색조를 띠는데

이것이 촉이 일으키는 느낌이다.[31]

수(受, vedanā)

대상에 대한 감정적·정서적 심리작용이다. 육체가 감각으로부터 받아들이는 쾌감으로서의 낙수(樂受 : 즐거움)와 불쾌감으로서의 고수(苦受 : 괴로움)가 있고, 정신이 의식을 통해 받아들이는 우수(憂受 : 근심, 슬픔)와 희수(喜受 : 기쁨)가 있으며, 낙수로도 고수로도 느끼지 못하는 불고불락수(不苦不樂受, 捨受)가 있다. 육체적 느낌[身受]은 분별이나 판단 작용 전의 것이지만, 정신적 느낌[心受]은 분별 작용이 있어서 번뇌의 반응으로 기울기 쉽다. 수(受) 자체가 번뇌는 아니지만, 탐욕과 분노 등의 번뇌는 괴로움의 원인이고 느낌에 대한 반응으로 일어난다.

느낌은 마음과 항상 함께 일어나는 마음 작용으로서 피할 수 없다. 가장 깊은 본삼매인 멸진정(滅盡定, 想受滅定)[32]에 들어간 경우에만 일시적으로 느낌으로부터 벗어날 수

---

31 같은 책, p.188.
32 멸진정은 본삼매 가운데 하나이다. 멸진정에 들어 있는 기간 동안에 마음과 마음 작용[心所]들의 흐름은 완전히 끊어져 버린다. 색계 본삼매와 무색계 본삼매에 완전히 통달한 아나함과 아라한만이 여기에 들 수 있다.

있을 뿐이다. 붓다께서는 이러한 느낌을 정화(淨化)하고 안정시키기 위해서 삼매를 닦을 것을 강조해서 말씀하신다. 나아가 느낌을 객관적으로 관찰하는 것을 통해 수행자는 탐욕과 분노의 새로운 반응을 막을 수 있고, 느낌의 생멸을 통해 무상·고·무아의 지혜를 얻어서 열반을 증득하고 해탈을 성취할 수도 있다.

위빳사나 수행은 바로 이 느낌[受]에서 다음 항목인 갈애[愛]의 반응으로 넘어가는 것을 차단하는 방법이다. 느낌에서 갈애의 반응으로 자동적으로 넘어가지 말고, 늘 깨어있는 능동적 의지로써 느낌의 생멸을 관찰하면, 느낌의 무상·고·무아의 통찰을 통해 희수와 낙수의 고통도 명확하게 보게 되어 염오하게 된다. 염오하면 이욕하게 되고, 이욕하면 해탈하게 된다. 거의 대부분 중생들은 낙수에는 탐심으로 반응하고, 고수에는 진심으로 반응하므로 수는 갈애의 조건이 된다.

애(愛, tṛṣṇa)

느낌이 갈애를 일으키는 조건이므로, 갈애는 촉을 통해 일어난 느낌에 의지한다. 즐거운 느낌을 경험하면, 그러한 느낌을 일어나게 한 대상을 탐욕심으로 갈망한다. 반면에 괴로운 느낌을 경험하면, 그러한 느낌을 일어나게 한 대상에 대해 분노심을 일으키며 그 고통에서 벗어나려는 갈애를 가진다.

갈애에는 감각적 쾌락에 대한 갈애[欲愛, kāma-tṛṣṇa]와 있고자 함에 대한 갈애[有愛, bhava-tṛṣṇa]와 있지 않고자 함에 대한 갈애[無有愛, vibhava-tṛṣṇa]의 세 가지가 있다. 여기서 있고자 함에 대한 갈애는 영원하다는 견해[常見]와 결합된 갈애이고, 있지 않고자 함에 대한 갈애는 단멸한다는 견해[斷見]와 결합된 갈애이다. 갈애는 여러 가지가 있지만 궁극적으로는 탐욕의 심소 하나로 줄어든다.[33]

분노와 증오는 대부분 탐욕을 바탕으로 해서 일어난다. 탐욕이 방해되거나 좌절된 경우에 일어나는 심소이기 때문이다. 탐욕과 분노라는 갈애는 본질적으로 계속 이어지고 강해지므로, 갈애는 취착의 조건이 된다.

취(取, upādāna)

취착은 감각적 쾌락에 대한 취착[欲取], 견해에 대한 취착[見取], 계율과 의례의식에 대한 취착[戒禁取], 자아의 교

---

33 같은 책, p.190.

리에 대한 취착[我語取]의 네 가지가 있다. 감각적 쾌락에 대한 취착은 갈애가 이어져 강력해진 것인데, 탐욕에 해당한다. 나머지 세 가지 취착은 사견(邪見)의 형태들이다. 이들 각각은 모두 갈애를 조건으로 하는 것이다.

감각적 쾌락에 대한 취착의 경우에 있어서 대상에 대한 약하거나 초보 단계의 탐욕을 갈애라고 하고, 아주 강렬하게 계속되고 있는 갈애를 취착이라고 한다. 나머지 세 가지의 경우는 사견에 의지해서 일어난 탐욕을 갈애라 하고, 그 탐욕의 영향을 받아서 자리 잡고 강력해진 견해를 취착이라고 한다. 취착은 이와 같이 강력해서 죽음으로써도 끝나지 않고 탐착을 충족시키기 위해 존재의 상태를 계속 유지시키고자 한다. 그래서 취착은 있고자 함[有]의 조건이 된다.

유(有, bhava)

십이연기에서 유(有)로 번역된 산스끄리뜨는 바와(bhava)이고, 그 의미는 '있고자 함'이다. 이 단어의 반대말은 위바와(vibhava)이며, 그 의미는 '있지 않고자 함'이다. 중국에서 동일하게 유(有)로 번역된 또 다른 글자 바-와(bhāva)는 그 의미가 '있음' 또는 '존재'로 번역할 수 있으며, 그 반대말은 아바-와(abhāva)로서 이 단어는 '있지 않음' 또는 '비존재(非

存在)'로 번역할 수 있다. 그러므로 십이연기의 유(有)를 '존재'로 번역하는 것은 잘못이다.

이 유(有)를 조건으로 하는 다음의 항목이 '생(生)', 곧 '태어남'인데 '존재'라면 이미 존재하는데 다시 태어날 이유도 없고 필요도 없기 때문이다. 존재가 또 어떻게 다시 태어난다는 말인가? 아직 존재는 아니고 존재 상태를 지속시키고자 하는 마음이 있을 뿐이다.

유(有)는 내생(來生)에 다시 태어남[再生]을 일으키는 오온[정신과 물질]의 조건이 되는 '있고자 하는 마음'이다. 중생들은 없어지는 것을 아주 두려워한다. 그래서 어떤 세계에 어떤 형태로든 있고자 한다. 본능적인 것이고 끈질기고 집요해서 이러한 마음을 뿌리까지 소멸시키기는 너무나 어렵다. 저열한 욕계의 생존 욕구[欲有]를 소멸시키는 것도 힘들지만, 고귀한 색계천(色界天)에 있고자 함[色有]과 무색계천(無色界天)에 있고자 함[無色有]은 아라한이나 붓다가 되어야 소멸된다.

중생들은 무명의 장애에 덮이고 갈애의 족쇄에 계박되어, 삼계(三界)의 어딘가에 재생연결식이 확립되고 내생에 다시 명색[名色, 정신과 물질]이 있게 되어 재생의 순환 속으로 들어가게 된다. 갈애와 취착을 조건으로 하는 있고자 하는 마음이 어떤 세상에 어떤 존재로 태어나게 하는 것이다. 남방 아비담마에서는 유(有)를 '업으로서의 있고자 함[業有]'과 '재생으로서의 있고자 함[生有]'으로 나누어 설명한다. 업유는 재생을 있게 하는 모든 선업(善業)이나 악업(惡業)을 말한다. 생유는 과보의 마음과 이들과 결합된 심소들과 업에서 생긴 물질을 말한다.

존재 상태를 지속시키고자 하는 마음이 다음 생에 어떤 형태의 존재를 있게 하므로 있고자 하는 마음은 태어남의 조건이 된다.

생(生, jāti)

태어남[生]은 새롭게 오온이 나타나고 감각기능[根]들을 획득하는 것이다. 좀 더 구체적으로 말하자면, 같은 세상이나 다른 세상의 새로운 삶에서 세간적인 과보의 마음들과 그들의 심소들과 업에서 생긴 물질들이 일어나는 것을 의미한다.

한 생에 최초로 태어나는 것으로 앞 항목의 있고자 함[有]과 태어남[生]의 사이에는 현재생과 미래생이 개재되는 것으로 이해해야 한다. 남방 아비담마 불교에서나 북방 아비달마 불교에서는 의도적 행위[行]와 재생연결식[識] 사이에도 하나의 생이 개재되는 것으로 이해해서 삼세양중인과(三世兩重因果)로 이해한다. 이러한 이해는 이미 초기불전에 그 근거를 두고 있다고 보아야 한다.[34]

그리고 태어남은 한 생에 최초로 출생하는 것이며, 사물[정신과 물질]들의 생멸[生滅, 일어남–사라짐]에서의 생(生, 일어남)으로 이해하면 안 된다. 태어남이 있는 한 늙고 병들고 죽는 일은 결코 피할 수 없으므로 태어남이 노사의 조건이 된다.

노사(老死, jarā·maraṇa)

중생들의 노쇠함, 수명의 감소, 감각기능의 쇠퇴를 늙음이라 한다. 중생들의 종말, 사라짐, 오온의 부서짐, 생명 기능의 끊어짐을 죽음이라 한다. 그러나 아라한이나 붓다가 아닌 한 이 생에서의 죽음이 모든 것의 끝이 아니며, 각자(各自)의 선·악업에 따라 생사의 윤회는 계속된다. 이 생에서 모든 순간에 최대한 잘 살아야만 하는 이유이다.

---

34 각묵, 앞의 책, p.251.

❸ 삼세양중인과설(三世兩重因果說)

십이연기는 과거−현재−미래의 삼세에 걸친 괴로움의 발생구조와 소멸구조, 혹은 윤회의 발생구조와 소멸구조, 또는 오온의 발생구조와 소멸구조를 설명하는 가르침이다. 그리고 십이연기에서는 원인과 결과가 반복적으로 연결되어 나타난다.

무명·행과 애·취·유를 원인[因]으로 이해하고, 식·명색·육입·촉·수와 생·노사를 결과[果]로 이해해서 삼세에 걸쳐서 이러한 원인과 결과가 두 번 반복된다고 해서 삼세양중인과로 말하고 있으며, 이것을 십이지연기를 비롯한 다양한 연기의 가르침을 이해하는 정설로 삼아야 한다.

북방의 설일체유부에서는 십이연기를 해설함에 있어서 분위연기(分位緣起)로써 이해한다. 십이지(十二支)는 모두 오온을 본질로 하여 매 순간 오온이 생멸하면서 상속하지만, 특정 순간의 두드러진 상태[分位]에 근거하여 각각의 항목[項目:支]을 설정한 것이 분위연기이다.

연기의 가르침은 무아[空]를 드러내는 강력한 수단이 되는 교설이다. 공성의 입장에서 보면 십이연기 각 항목의 실체성은 부정된다. 십이연기의 항목들이 공성의 것들이기에 유전문 안에서 기약 없이 생사윤회를 계속할 수도 있고, 팔정도의 실천으로 환멸문을 통해 윤회로부터 벗어날 수도 있다. 이러한 십이연기는 삼계의 모든 중생들의 인과를 말하는 것이다. 인간들만의 십이연기가 아니며, 인간 중심의 설명이 아니다.

❹ 괴로움의 발생과 소멸

괴로움[苦]은 수행을 통해 열반을 증득하여 해탈에 들지 못하고 생사윤회를 거듭하고 있는 모든 삶이다. 십이연기에서 괴로움의 발생구조는 무명과 갈애를 원인으로 하여 생과 노사라는 결과가 있게 된다는 유전문의 가르침이다.

괴로움의 소멸구조는 무명과 갈애의 소멸로 인한 생사윤회로부터의 해탈을 실현하는 환멸문이다. 이러한 환멸문은 오온·십이처·십팔계의 무상·고·무아를 통찰하여 염오─이욕─해탈─구경해탈지를 성취하는 가르침과 맥락이 같다. 여기에서 해탈은 열반의 증득이고, 열반은 무명·행과 갈애·취착의 소멸이다. 무명과 갈애를 소멸시키는 방법은 팔정도로 대표되는 37보리분법의 수행이다.[35]

육내입처[육근]와 육외입처[육경]의 인연으로 육식이 발생하여 십팔계가 성립한다. 십팔계가 성립되면 그 계기들인 근·경·식이라는 삼사(三事)의 화합으로 촉(觸)이 발생하고,

---

35 같은 책, p.271.

또한 거기서 생기는 느낌[受]까지는 그 누구도 피할 수 없다. 문제는 이 느낌들에 대해 갈애로 반응하고 집착으로 발전되어 삶이 윤회의 괴로움에 휩쓸리게 된다는 것이다.

그래서 식·명색·육입·촉·수·애·취·유·생·노사의 연기구조를 잘 이해하여 괴로움의 소멸을 성취하는 것이 중요하다. 붓다께서는 괴로움을 소멸시키는 방법으로 팔정도를 갖춘 사념처 수행[위빳사나, 조견]을 말씀하셨다.

느낌에서 비롯되는 갈애와 취착, 그리고 유, 여기에서 비롯되는 생로병사의 문제를 해결하기 위해서는, 느낌이 갈애로 발전해서 취·유·생·노사로 전개되기 전에 느낌을 사띠챙김[正念正知]하여 이러한 연결고리를 끊고, 무명과 갈애와 취착과 그것들에 의한 업력들을 소멸시켜 가는 일이 아주 중요하다.

또한 의근(意根)이 사띠챙김을 놓치면 육내입처의 기능이 모두 육외입처로 작용하여 대상에 대해 수많은 상[想: 개념]을 만들어 내고, 상[개념]은 많은 의도적 행위[行]를 수반하여 번뇌에 속박되고 괴로움을 일으킨다. 이러한 경우에도 사띠챙김을 계속 이어가서 수(受)와 상(想)의 문제를 극복하고 법[실재]을 있는 그대로 보아야 한다. 이러한 정진들이 열반의 증득과 해탈의 삶으로 가는 방법이다. 있는 그대로 보는 것은 법들을 무상·고·무아라고 통찰하는 것이다. 삼법인의 지혜를 통해 법들 각각에 대해서 염오하고, 염오하면서 탐욕이 빛바래고, 탐욕이 빛바래므로 해탈한다. 해탈하면 해탈했다는 지혜가 있다.

8. 사성제의 본성은 공성이다

(공성에서는) 괴로움·괴로움의 원인·괴로움의
소멸·괴로움의 소멸에 이르는 길이 없고,

●

무고집멸도(無苦集滅道)

❶ 공성에서는 사성제(四聖諦)가 없다
[무고집멸도(無苦集滅道)]

사성제는 고·집·멸·도의 네 가지 진리를 말한다. 이러한 네 가지의 진리는 바뀌지 않는 확정된 최고의 가르침이며, 성인(聖人)들만이 볼 수 있는 깨달음의 내용이기도 하다. 괴로움과 그 원인 그리고 괴로움의 소멸과 그 소멸 방법에 대한 내용이다.

고와 집은 생사윤회의 국면을 말하며 괴로움과 그 원인이고, 멸과 도는 해탈의 국면을 말하며 괴로움의 소멸인 열반과 그러한 열반을 증득하고 해탈을 성취하는 방법이다. 고·집·멸·도는 성인들만이 분명하게 관찰하여 체득할 수 있는 진리이므로, '거룩한 성인들의 진리'라고 해서 '성제(聖諦)'라고 한다.

사성제에 대한 통찰은 개념적 사유에 의한 진리 인식이 아니라, 수행을 통해 체험하여 증득된 진리이므로 기나긴 수행의 길을 거쳐야 한다. 괴로움의 성스러운 진리는 철저하게 알아야 하고, 괴로움의 일어남의 성스러운 진리는 버려야 한다. 괴로움의 소멸의 성스러운 진리는 실현해야 하고, 괴로움의 소멸로 인도하는 도 닦음의 성스러운 진리는 닦아야 한다. 모든 번뇌의 소멸은 오직 사성제에 대한 깊은 통찰에 의해서만 가능하다.

『진리 상윳따』에서는 사성제를 완전하게 깨달았기 때문에 아라한·정등각자라 부르며, 사성제를 알고 보기 때문에 번뇌가 멸진한다고 강조하고 있다.

그러나 공성의 견지에서 보면, 괴로움[苦]도 없고, 그 괴로움의 원인[集]도 없고, 괴로움의 소멸[滅]도 없고, 괴로움의 소멸로 인도하는 방법[道]도 없다. 이러한 사성제의 부정은 각 성스러운 진리들을 실체시하는 인식과 그런 것에 집착하는 것을 경계하는 것이다. 물론 이러한 사성제의 부정이 아직 구경열반을 성취하지 못한 자에게 괴로움도 없고 괴로움을 극복하기 위한 노력도 필요 없다는 말은 결코 아니다.

공성(空性)은 반야바라밀다의 대상이다. 반야의 완성이라는 궁극적인 경지에 이르렀을 때는 사성제조차도 강을 건넌 뒤의 뗏목처럼 버려야만 한다. 왜냐하면 사성제에 대한 집착도 번뇌이고 불선법(不善法)이기에 괴로움을 발생시키는 원인이 되기 때문이다. 그 어떤 것에 대해서도 실체적 사고와 집착을 모두 내려놓지 않고는 해탈의 저 언덕으로 건너갈 수가 없다.

❷ 생사윤회의 괴로움을 알고 보는 것은 성스러운 일이다

[고성제 (苦聖諦)]

고(苦)의 의미

고(苦)로 번역된 산스끄리뜨는 두카(duḥkha)이다. 두카를 고통, 고뇌, 괴로움, 불행 등으로 번역하지만 가장 가까운 의미는 '불만족'이다. 두(du)는 '하찮은'이라는 뜻이며, 카(kha)는 '비어 있음'이라는 뜻이다. 어떤 괴로움도 일어났다가 사라진다. 그래서 괴로움은 하찮고도 비어 있는 것이다. 그런데 어떤 대상을 내 것이라고 붙잡거나 피하거나 없애려 하기 때문에 괴로움에 빠지는 것이다. 그러므로 수행자는 괴로움도 알아차림할 대상으로 삼아야 한다.

고(苦)는 고수(苦受)를 말하는 게 아니다. 어떤 느낌을 말하는 것이 아니고, 수행을 통해 열반을 증득하고 해탈에 들지 못하고 생사윤회하고 있는 삶을 말한다. 세속적인 기쁨과 즐거움은 언제든지 슬픔과 고통으로 변할 수 있다. 기쁨과 즐거움도 괴로움[苦]으로 볼 수 있어야 한다. 얼굴을 찡그리는 모습에서만이 아니라, 활짝 웃는 모습에서도 무상·

고·무아를 볼 수 있어야 한다. 괴로움도 즐거움도 일어남-사라짐 하는 것이어서 그대로 가만히 머무르거나 오래 계속되는 것이 아니기 때문이다.

괴로움이 진리인 이유와 사성제의 순서

무지(無知)는 괴로움을 알지 못하고 그것의 원인도, 그것의 소멸도, 그것을 소멸시키는 방법도 알지 못하는 것이다. 그래서 세계[오온]와 중생의 실상인 괴로움을 있는 그대로 보는 것이 진리이고 아주 중요하다. 오온 곧 정신과 물질들은 여러 가지의 원인과 조건에 의해 생겨난 것이므로 무상하고 괴로움이며 무아의 것이어서 그 자체는 실체성이 없다. 모든 번뇌는 바로 이 같은 진실에 대한 무지에서 비롯된 것이다. 이러한 무지에서 의심과 인과 부정의 사견(邪見)도 생긴다. 바로 그러한 무지가 괴로움을 만든다. 이러한 괴로움에 대한 자각이 고성제이다.

그리고 사성제를 결과와 원인의 순서로 설한 것은 바로 오온을 관찰하는 순서에 따른 것이다. 먼저 오온의 괴로움을 봐야 그 원인을 찾게 되고, 그런 다음 괴로움의 소멸을 관찰하고 나서 그 완전한 소멸의 방법을 추구하게 되기 때문이다.

사고(四苦) · 칠고(七苦) · 일고(一苦)

고(苦)의 종류에 대해서는 생·노·병·사의 네 가지 괴로움을 말하기도 하고, 애별리고(愛別離苦)·원증회고(怨憎會苦)·구부득고(求不得苦)를 보태어서 일곱 가지의 괴로움으로 말하기도 하지만, 한마디로 요약하면 오직 '오취온고(五取蘊苦)' 하나이다. 앞의 일곱 가지 괴로움은 반드시 오온을 근거로 하기 때문이다.

오온이 생·노·병·사하고 오온이 영원히 소유하고 싶지만 좋아하는 것과 헤어져야 하고, 싫어하는 것과 만나야 하고, 추구하지만 얻을 수 없게 되는 것이다.

불로장생(不老長生)이나 영생불사(永生不死)를 꿈꾸고 부활(復活)에 대한 믿음을 가지는 것도 영원한 것에 대한 집착[常執]에서 오는 무지일 뿐이다. 그러한 생각들은 '오온이 사라지는 것이 두렵다.' 곧 '죽기 싫다'라는 말의 다른 표현이다. 무상하고 무아인 현상들을 있는 그대로 보지 못하고 받아들이지 못해서 그러한 허망한 생각들을 일으키게 되는 것이다.

중생들은 생사윤회 속에 얽매여 있으므로 그들이 느끼는 세속적인 기쁨만을 기쁨이라고 생각한다. 그래서 그것들을 다 놓아버린 열반·해탈의 행복을 모른다. 구원은 외부의 신(神)에게서 오는 것이 아니라, 내면의 수행력으로부터 오는 것이다. 모두가 자기 오온의 문제들이다. 그러므로 불교 수행의 대상도 바로 오온이다.

괴로움의 세 가지 성질

(1) 고고성(苦苦性) : 배고픔, 추위, 더위, 육체적 통증, 그리고 정신적 괴로움 등의 괴로운 경험은 그 자체가 괴로운 것이다. 고수(苦受)는 바로 그대로 고(苦)이다.

(2) 괴고성(壞苦性) : 즐거운 경험은 그것이 사라질 때 괴로운 것이다. 대부분의 경우에 괴로움이 해소될 때 생기는 즐거운 경험들은 진정한 즐거움이 아니고 괴로움의 변형일 뿐이다. 낙수(樂受)는 그것이 변할 때 고(苦)이다.

(3) 행고성(行苦性) : 괴롭지도 즐겁지도 않은 경험은 거기에 무상변천(無常變遷)의 괴로움이 있다. 무상하니까 괴로움이다. 곧 형성된 것[정신과 물질]들의 일어남-사라짐이 괴로움이다.

괴로운 경험은 바로 그 자체로 괴로움이다. 나를 기쁘게 하는 것은 영원히 간직하고 싶지만, 생멸하는 법에 불과하므로 영원히 소유할 수가 없기 때문에 괴로움이다. 그것들은 인연에 따라 일어났다가 사라져가므로 자기 마음대로 되지도 않는다. 일어나서 사라져서는 다시 돌아오지 않는다. 안타까움, 아쉬움, 슬픔, 그래서 괴로움이다. 이처럼 고수(苦受)도 낙수(樂受)도 불고불락수(不苦不樂受, 捨受)도 일어남−사라짐 하는 무상변천의 괴로움이다. 그러므로 일체가 괴로움이다. 이러한 괴로움을 알고 보는 것이 고(苦)의 지혜이며 정견(正見)이다.

❸ 생사윤회 괴로움의 원인을 보는 것은 성스러운 일이다
[집성제(集聖諦)]

집(集, samudaya)은 '여러 원인과 조건들의 인연화합으로 일어난다'는 집기(集起)의 준말이다. 불교에 있어서 어떤 현상이나 사물이라는 결과의 원인과 조건은 어떤 경우라도 단일하지 않다. 우리가 경험하는 현실의 세계는 여러 가지의 원인과 조건이 모여 이루어진 것이다. 이 또한 너무나 빠르게 일어났다가 사라져 버리기를 계속하고 있으므로 이러한 실재[法]들의 생멸을 보기는 아주 어렵다. 괴로움도 원인과 조건에 의해 연기하는 것인데, 불교는 괴로움의 일어남 곧 원인을 갈애라고 한다.

『초전법륜경』에서 붓다는 갈애가 다시 태어남을 가져오는 근본 원인이라고 말씀하신다. 갈애가 근본 원인이 되어 중생들은 끝을 알 수 없는 생사윤회를 거듭한다. 물론 갈애만이 괴로움의 원인은 아니다. 무명과 분노, 질투, 인색 등의 모든 불선법들은 모두 괴로움의 원인이 되고 생사윤회의 원인이 되지만, 붓다께서는 갈애를 가장 대표적인 원인으로 들고 있는 것이다. 갈애에는 욕애(欲愛)와 유애(有愛) 그리고 무유애(無有愛)의 세 가지가 있다.

(1) 욕애 : 감각적 욕망에 대한 갈애이다. 주석서에서는 욕애를 다섯 가닥의 감각적 욕망에 대한 탐욕의 동의어라고 설명하고 있다. 곧 눈·귀·코·혀·몸의 다섯 감각기관을 통해서 인식되는 대상에 대해서 생기는 탐욕을 욕애라고 한다. 이것은 욕계에 살고 있는 중생들에게 매 순간 일어나고 있는 것이다.[36]

(2) 유애 : 색계와 무색계에 대한 갈애이다. 고귀하게 있고자 하는 갈망인데, 이것은 존재를 열망함에 의해서 생긴 상견(常見)이 함께하는 것으로 색계의 존재와 무색계의 존재에 대한 탐욕과 선정(禪定)을 갈망하는 것의 동의어이다. 색계와 무색계는 선정(禪定) 혹은 본삼매를 닦아서 태어나는 세상이다. 이처럼 선정(禪定)을 닦아서 태어나는 색계와 무색계의 존재에 대한 탐욕과 이러한 곳에 태어나기 위해서 선정수행과 본삼매에 대한 강한 갈망을 일으키는 것을 유애라고 한다.[37]

(3) 무유애 : '있지 않고자 함'에 대한 갈애이다. 이것은 단견(斷見)이 함께하는 탐욕의 동의어이다. 존재하는 것 자

---

36 같은 책, pp.97~98.
37 같은 책, p.98.

체에 염증을 느껴서 자살에 대한 충동을 일으키는 것 등을 무유애라고 한다.

숨 막히는 세상에서 일이 얽히고설키어 갈피를 잡기 어려운 삶과 인간관계에 대해서 염증과 절망을 일으키고 있는 많은 사람에게 이러한 무유애는 자유와 평화로 향하는 탈출구처럼 보일 수도 있다.

그러나 무유애도 엄연히 갈애의 하나일 뿐으로, 어떤 종류의 갈애든 갈애가 있는 한 중생은 다시 태어난다. 진정으로 다시 태어나고 싶지 않으면 수행을 통해 욕애·유애·무유애로 정리되는 갈애를 남김없이 소멸한 경지, 곧 열반을 증득하고 완전한 해탈을 실현해야만 한다.[38]

---

38 같은 책, pp.98~99.

❹ 생사윤회 괴로움의 소멸은 성스러운 경지이다

[멸성제 (滅聖諦)]

멸성제는 열반이다

멸성제는 괴로움 소멸의 성스러운 진리이다. 소멸은 산스끄리뜨 니로다(nirodha)를 번역한 말이다. 생사 윤회하는 일 그 자체가 궁극적인 괴로움이다. 진정한 소멸은 열반이고, 열반은 탐·진·치의 소멸이다. 탐·진·치의 소멸은 괴로움의 소멸로 이어지기에 열반은 괴로움의 소멸, 곧 생사윤회의 멈춤이다.

지혜의 눈은 오온을 구성하는, 조건에 매인 현상들을 떠나 모든 조건으로부터 자유로운 상태, 곧 열반 쪽으로 옮겨 간다. 오온이 단지 조건에 매인 것이며 끊임없이 변하기 마련이기[무상] 때문에 고(苦, 불만족)가 된다는 것을 깨닫는다.

이제 존재[오온]를 형성하는 모든 기반 요소들[각 온들]을 놓아버림으로써 인과의 법칙으로부터 해방되고 자유롭게 되어 십이연기의 유전문[오온의 발생]에서 환멸문[오온의 소멸]으로 삶을 영위할 수 있게 된다. 열반을 증득함과 동시에 갈애는 멈춘다.[39] 그러므로 열반의 증득은 완전한 해탈을 실현하는 조건이 된다.

열반을 보는 것이 멸성제이다. 열반에 이르면 고·집·멸·도가 따로 없고, 열반만 있다. 열반은 연기된 것이 아니어서 사라지는 것이 아니고 상주(常住)한다. 열반은 물질도 아니고, 정신도 아니다. 그래서 원인도 없고, 결과도 없다. 도(道)와 과(果)라는 출세간 마음의 대상이다. 번뇌의 소멸, 곧 괴로움의 소멸이 멸성제이다. 열반의 소멸은 없다. 그래서 열반에는 생멸문(生滅門)이 없다. 도와 과의 마음, 곧 지혜로 보든 안 보든 관계없이 열반은 항상 존재한다. 불법(佛法)이 이 세상에 있는지 없는지와도 관계없다. 지혜가 없어도, 깨달은 자가 없어도 열반은 항상 있다.

과거와 현재의 정신과 물질의 일어남 뒤의 '사라짐'도 '멸(滅)'이지만, 진정한 멸은 열반을 보는 것이다. 수행자가 지금 정신과 물질의 일어남-사라짐을 보고 있는 것도 멸성제이지만, 그것은 완벽한 멸성제는 아니다. 왜냐하면 다시 나타날 수 있고, 다시 사라질 수 있기 때문이다. 열반은 다시 나타나지도 다시 사라지지도 않는다. 붓다의 궁극적인 메시지는 열반을 증득하여 완전한 해탈을 실현하여 다시는

---

39 비구 보디, 『팔정도』, pp.60~61.

삼계(三界)에 태어나지 않는 것이다. 그러므로 불교 수행의 목적은 번뇌를 없앰으로써 업력을 소멸시켜 생사윤회를 멈추는 것에 있다.

열반과 무주처열반

불교의 목적은 생사윤회로부터 해탈하는 것이다. 해탈하기 위해서는 반야를 얻는 위빳사나 수행을 통해 열반을 대상으로 하는 도(道)와 과(果)의 마음을 성취해야 한다. 열반에 근거하여 해탈이 있게 되기 때문이다.

열반을 증득해야 수다원도, 사다함도, 아나함도의 마음을 거치면서 잠재성향의 탐·진·치 번뇌가 부분적으로 또한 단계적으로 소멸이 있게 되고, 아라한 도에 이르러서는 모든 잠재성향의 열 가지 족쇄와 업력이 모두 제거된다. 모든 업력들이 가라앉고, 모든 재생의 근거가 사라져서 다시는 어떤 세상에도 오온이 형성되지 않아서 태어나는 일이 없게 된다.

해탈이란 번뇌의 속박으로부터, 나아가 삼계(三界)의 생로병사로부터의 해방이다. 처음으로 열반을 증득한 수다원에서 시작된 해탈의 정도가 아라한에 와서 완전한 해탈이 있게 되는 것이다.

중생의 마음은 유치하기 때문에 자신을 애착하고 세상을 탐착하며 번뇌에 휩쓸려 탐욕을 충족시키는 것을 행복으로 안다. 그래서 중생들은 이 세상에서 없어지는 것, 곧 그것들을 모두 놓아버린 해탈의 즐거움을 두려워한다.

대상을 지향하고 욕망 충족의 삶을 추구하는 중생들은 열반의 증득과 해탈의 실현을 삶의 허무와 끝장으로 생각한다. 그리하여 대승불교에서는 그들의 입맛에 맞추고 그들을 위로하기 위해서 '무주처열반(無住處涅槃)'이라는 개념을 만들어 낸다. 대승의 보살들은 생사에도 열반에도 머물지 않는 무주처열반에 들어가는 것을 목표로 한다는 것이다.[40]

실천행을 통해 스스로는 보리(菩提)를 얻고, 타자(他者)에게는 이익과 안락을 준다고 한다.

그러나 이상(理想)은 좋지만 현실적으로 그렇게 되게 하는 구체적인 수행방법이 제시되어 있지 않다. 만약 그 구체적인 방법이 육바라밀행이라면 팔정도보다는 너무 추상적이다. 지혜의 성취와 자비의 실천이 주장하고 생각하는 것만으로 그렇게 되는 것은 아니다.

붓다를 흉내 내고 붓다의 연기(演技)를 하는 것으로 붓다

40　각묵, 앞의 책, p.105.

가 되지는 않는다. 열반을 탐착해서는 열반을 성취할 수가 없지만, 또한 생사를 염오하지 않으면 열반을 증득할 수도 없다. 붓다와 아라한에게는 지혜와 자비만 있다. 바른 지혜를 갖춘 자는 자비를 실천하게 되어 있다. 굳이 그렇게 자비의 실천을 강조할 이유가 전혀 없는 것이다.

생사즉열반, 번뇌즉보리

생사가 그대로 열반이고 탐·진·치 그대로가 열반이라는 주장이다. 그러나 이러한 주장은 공성의 입장에서 보더라도 논리의 비약이다. 형식논리로 보면 말이야 되겠지만, 그러한 주장에 상응하는 구체적인 내용은 이 우주 어디에도 있을 수 없다.

수행하지 않고도 깨달음을 얻을 수 있는 길이 있지나 않을까 하고 생각하는 사람이나 게으른 수행자에게 용기와 희망을 주는 하나의 방편이 되어 어떤 위안이야 될 수 있겠지만, 유사불교로 흐를 위험성이 너무나 크다. 화려한 언어의 유희에, 교묘한 논리의 비약에, 기발한 생각의 겉멋에, 허황한 신비주의에, 과장된 호방함에 속으면 안 된다. 멋진 말과 개념과 논리에 세뇌되면 안 된다.

세뇌는 정신의 죽음이다. 결코 대승불교의 광신도가 되

어서는 안 된다. 공성의 입장에서 보면, 번뇌와 생사뿐만 아니라 열반과 보리[깨달음]조차도 실체가 없어서 '없다'고 표현하지만, 그러한 내용들이 전혀 없다[허무]는 게 아니다. '생사를 떠난 열반은 없다'가 아니고, 생사윤회를 떠나자고 수행을 해서 열반을 증득하는 것이다.

또한 '번뇌가 그대로 보리이다'가 아니고, 수행을 통해 구체적으로 번뇌를 끊어가야 보리[깨달음]를 얻게 되는 것이다. 물론 열반에도 깨달음에도 집착해서는 안 된다. 열반이나 깨달음과 같은 선법(善法)에 대한 집착도 불선법(不善法)으로서의 집착이 되기에 오히려 수행의 장애가 될 뿐이기 때문이다.

❺ 생사윤회 괴로움의 소멸에 이르게 하는 방법은 성스러운 일이다

[도성제 (道聖諦)]

팔정도의 의의

도성제의 핵심 내용이 되는 팔정도는 생사윤회하는 괴로움의 소멸에 이르는 길, 곧 열반을 증득하고 해탈의 실현으로 이끄는 성스러운 여덟 가지 항목의 방법이다. 붓다의 가르침에 대한 지적인 이해를 넘어 그 가르침에 생명력을 가져다주는 실천 체계인데, 붓다의 위대성을 가장 잘 보여주는 가르침이다.

도성제는 생사윤회의 고(苦, 오온)를 만들어 내는 원인[무명, 갈애]을 끊어가는 방법이다. 오온[정신과 물질]의 일어남－사라짐을 보고, 그 원인과 결과를 보고, 이러한 것들이 무상·고·무아라고 통찰하는 것이 바로 도성제이다.

도성제[팔정도]의 힘으로 고성제[오온, 정신과 물질]와 집성제[무명, 갈애]의 무상·고·무아를 통찰하게 되는데, 그 결과가 멸성제이다. 멸성제, 곧 열반을 찾는 방법이 도성제이다. 이러한 열반에 근거하여 생사윤회로부터의 해탈이 있게 된다. 이와 같이 도성제의 힘으로 멸성제를 찾는다.

멸성제를 찾는 과정에 고성제가 있다. 그 '고성제가 무상·고·무아이다'라고 보는 것이 도성제이다. 고성제의 원인이 집성제인데, 집성제 때문에 고성제가 나타난다. 그러한 '집성제도 무상·고·무아이다'라고 있는 그대로 알고 보는 것도 도성제이다. 그러므로 도성제를 닦는 목적은 멸성제를 증득하는 데 있다.

중생에게는 정신과 물질이 있고, 정신과 물질[오온] 안에 있는 지혜의 힘으로 세간의 무상·고·무아를 관찰할 수 있고, 나아가 출세간의 무상·고·무아를 통찰할 수 있게 된다. 그리하여 나중에는 무상·고·무아가 없는 열반을 볼 수 있게 되고, 깨달음을 얻은 성인(聖人)이 된다. 이처럼 팔정도를 집중적으로 반복적으로 실천할 때에만 수행자는 괴로움과 괴로움의 원인을 제거하고 열반을 증득하면서 해탈을 실현한다. 이 팔정도는 불법(佛法)이 있을 때만 나타나고, 불법이 사라질 때 이 길[방법]은 없다.

팔정도는 체계적 구조를 이루는 마음의 구성요소·작용[心所]들로서, 감각적 쾌락에 탐닉하는 쾌락주의와 육체를 괴롭힘으로써 해탈을 구하고자 하는 고행주의라는 양극단의 한계를 넘어서게 하므로 '중도(中道)'라고도 한다. 팔정도의 여덟 가지 항목은 하나하나 순차적인 것이 아니라, 각 항목들은 서로서로 협력이 필요하다. 이 여덟 가지 항목들은 서로 도우면서 닦아야 수행의 진전이 있게 되는데, 그것은 팔정도가 단수형으로 표현되는 것에서도 잘 알 수가 있다. 실제로 수행에 임하는 입장에서는 팔정도의 여덟 가지 항목들을 계학·정학·혜학의 세 묶음으로 나누어 보기도 한다. 바른 말[正語]·바른 행위[正業]·바른 생계[正命]가 계학(戒學)이고, 바른 노력[正精進]·바른 기억챙김[正念]·바른 마음집중[正定]이 정학(定學)이며, 바른 봄[正見]·바른 생각[正思]이 혜학(慧學)이다.[41]

계학은 높은 도덕적 훈련이고, 정학은 고귀한 집중·고요를 계발하는 훈련이며, 혜학은 초월적인 지혜를 계발하는 훈련이다. 수행의 도정에서 계학은 정학의 기반이 되고, 정학은 혜학의 기반이 되며, 그리고 열반을 증득하여 해탈에 도달하기 위한 직접적인 조건이 되는 것은 혜학이다.[42]

불교의 목적과 그 실현 방법인 팔정도

불교의 목적은 번뇌를 없앰으로써 업력을 소멸시켜 생사윤회로부터 벗어나는 일이다. 그러한 번뇌를 없애는 일이 팔정도의 실천이다. 열반을 증득하여 윤회를 끊고 해탈

---

41 비구 보디, 앞의 책, p.35.
42 같은 책, p.37.

하기 위해서는 선업(善業)도 악업(惡業)도 모두 짓지 않아 업력이 남아 있지 못하게 해야 한다. 악업은 결코 짓지 않아야 하고 선업을 하되 업력이 남지 않게 자아의식[我想]을 제거하여 번뇌를 일으키지 않고 의도 없이 행위를 할 수 있게 되어야 한다.

선업이든 악업이든 업력이 생겨나면 생사를 거듭하는 윤회는 계속 된다. 선업은 좋은 세상에 태어나게 하며 행복한 과보를 가져오고, 악업은 그 결과로 나쁜 세계에 태어나 불행한 삶을 있게 한다. 이처럼 선업이나 악업은 우리들에게 생사윤회를 있게 하며, 노·병·사(老·病·死)의 법칙에 시달리게 한다. 열반을 증득하지 못해 해탈에 들어가지 못하고 생사 윤회하는 삶 그 자체가 바로 고(苦)이다.

그러므로 업력을 끊어가서 다시는 태어나는 일이 없는 완전한 해탈을 얻어야 한다. 이 모두가 팔정도를 갖춘 위빳사나 수행을 통해 도와 과의 지혜를 얻어야 가능해지는 일들이다. 이와 같이 팔정도의 실천을 통해 번뇌를 일으키지 않음으로써 업력에 의한 인과의 법칙으로부터 해방되어 윤회를 멈추기 위한 이러한 특별한 방법을 창안하신 것이 붓다의 가장 큰 위대성이다.

팔정도는 공(空)을 보고 공성(空性)을 깨닫게 하는 방법이다. 반야도, 반야바리밀다도, 무상정등각도, 열반을 증득하고, 완전한 해탈을 성취하는 것도, 팔정도에 의해서 가능하며, 특히 팔정도를 갖춘 위빳사나 수행, 곧 조견(照見)을 실천해야 실현할 수 있게 되는 것이다.

팔정도(八正道)

[열반을 증득하여 해탈을 성취하는 여덟 가지 방법]

(1) 정견(正見, 바른 봄)

정견은 사성제(四聖諦)와 연기(緣起)에 대한 지혜이다. 사성제와 연기의 가르침은 같은 내용을 담고 있으며, 이것을 바르게 알고 보는 것이 정견이다. 정견은 세간적 정견과 출세간적 정견의 두 가지 국면으로 나누어 볼 수 있다.

① 세간적 정견은 원인이 되는 집성제와 그 결과가 되는 고성제에 대한 정견으로서 업과 과보의 진리에 따르는 것에 대한 바른 견해이다.

② 출세간적 정견은 원인이 되는 도성제와 그 결과가 되는 멸성제에 대한 정견으로서 업력에 의한 인과의 법칙으로부터 해방되어 윤회를 멈추게 하는 해탈의 방법에 대한 지견(智見)이다.[43]

---

43 같은 책, p.42.

그러므로 정견을 '바른 견해'로 번역하는 것은 문제가 있어 보인다. 사물을 있는 그대로 보는 지혜이고, 사성제와 연기에 대한 지혜이며, 결국 열반을 증득하고 해탈에 들게 하는 마음 작용인 정견이라는 지혜를 삿된 견해[邪見]의 반대말인 '바른 견해' 정도로 이해하고 해석하는 것은 많이 부족하고 빈약한 사고처럼 보인다.

그래서 필자는 정견을 '바르게 알고 봄'이라고 해석했다. '바르게 안다'는 것은 바른 지적인 이해를 포함하고, '바르게 봄'이라는 말은 지혜의 눈으로 진리를 체험하는 것을 의미한다. 이와 같이 지혜는 '앎'이면서 동시에 '봄'이기도 한 자각이다.[44] 그러므로 정견은 사견의 반대말 이상으로 많은 의미를 포함하고 있다.

사성제의 윤회의 국면에 대한 이해에 해당하는 세간적 정견은 육도를 윤회하는 과정에서 이루어지는 물질적·정신적 향상을 관장하는 인과법칙으로서 높은 세계 또는 낮은 세계의 중생으로 태어나는 원리 및 세속적 고락(苦樂)에 관련된 것이다.[45] 다시 말해 번뇌가 남아 있지만 업과 과보에 대한 바른 이해로 해서 복덕과 좋은 과보를 가져다주는 것이 세간의 정견이다.

---

44 같은 책, p.31.
45 같은 책, p.42.

이에 비해 사성제의 해탈의 국면에 대한 지견(智見)에 해당하는 출세간적 정견은 윤회로부터 해탈하는 데 필수적인 원칙들에 관련된 것으로서, 중생들이 삶을 거듭하는 가운데 정신적 향상을 이루는 것을 목표로 할 뿐 아니라, 반복되는 생사의 윤회에서 벗어나는 궁극적 해탈을 목적으로 하는 것이다.[46] 말하자면 출세간의 정견은 번뇌가 없는 성인(聖人)의 도(道)와 결합되어 있는 지혜이다.

팔정도가 지향하는 최종 목적인 윤회의 고통으로부터의 해탈은 결국 무지(無知)와 갈애를 완전히 제거해야 실현되는 것인데, 이 방법이 지혜의 수행으로서 사물을 있는 그대로 통찰하는 마음의 기능을 향상시켜 가는 작업이며, 먼저 세간적 정견을 얻고서 나아가 점차적으로 출세간적 정견을 체득해 가는 일이다.

이러한 정견은 팔정도 전체를 이끄는 다른 모든 항목들의 선도자 역할을 한다. 넓은 의미에서 정견은 붓다의 가르침 전체에 대한 올바른 이해를 포괄하는 것이기 때문에 그 범위는 불법(佛法) 그 자체의 범위와 맞먹는다.[47]

정견을 통해 우리는 수행의 출발점과 그 과정, 그리고 목적지를 제대로 알 수 있게 된다. 정견의 기반이 없이 수행

---

46 같은 책, p.42.
47 같은 책, p.41.

을 해보려고 시도하는 것은 무모한 짓으로 길을 잃고서 불법에 붙어 있는 외도(外道)가 될 가능성이 너무나 크다. 붓다가 계시지 않는 세상에서 붓다의 말씀에 해당하는 바른 불교학을 공부해야 하는 이유가 여기에 있다.

(2) 정사(正思, 바른 생각·의도)

정사는 대상을 사량하여 분별하는 '사유(思惟)'의 의미가 아니고, 바른 생각이나 의도를 뜻한다. 신체적 행동[身業]이나 말[口業]과 같은 행위는 언제나 생각과 의도에서 연원되고 있다. 생각[意業]은 신체적 행동과 말에 방향을 지시하고 그것들이 행위로 옮겨지도록 하고, 행동과 말을 생각하며 의도하고 있는 목적과 이상(理想)을 표현하는 수단으로 사용하여 언제나 행위에 앞선다.[48]

바른 생각에는 세 가지가 있다.

① 욕심을 버리려는 생각[出離思]

② 선의(善意)를 베풀려는 생각[無恚思]

③ 해치지 않으려는 생각[無害思]이다.

이러한 부류의 생각들은 일어날 때마다 이로운 것이며,

---

48 같은 책, p.66.

지혜의 증장에 도움이 되고, 열반의 성취를 돕는다.[49]

정견(正見)은 정사(正思)를 산출하고, 정사는 다시 정어(正語)·정업(正業)·정명(正命)을 일어나게 만든다. 업의 법칙을 바르게 알고 보면 행위에는 반드시 과보가 뒤따르므로 올바른 생각을 하게 되고, 생각의 표현인 행위도 바르게 하게 된다. 이러한 세 가지의 바른 생각은 탐욕과 성냄에 대한 교정수단이 되며, 무탐(無貪)과 무진(無瞋)의 뿌리를 더욱 활성화시킨다.[50]

바른 생각을 적극적으로 표현하면 초기 경들에서 붓다께서 강조하신 자애[慈]·연민[悲]·더불어 기뻐함[喜]·평온[捨]의 네 가지 거룩한 마음가짐[四無量心]을 가지는 것이라고 할 수 있다.[51]

그래서 정사의 반대가 되는 잘못된 생각인 욕심냄·악의·해침의 생각들은 괴로움의 원인이기 때문에 반드시 버려야 한다. 나아가 우리가 사무량심을 자주 베풀어 그것이 마음의 성향으로 자리 잡는 것이 행복을 성취하는 수단이 되는 것은 더 말할 필요도 없다.

---

49 같은 책, p.65.
50 같은 책, pp.69~71.
51 각묵, 앞의 책, p.370.

〈정어(正語)·정업(正業)·정명(正命)에 대한 총설〉

정어·정업·정명은 계학(戒學)에 해당한다. 계(戒)는 불선(不善)한 신체적·언어적 행위를 그만두는 것이다. 이 항목들이 비윤리적 행위를 억제하고 선행(善行)을 증진하는 것이지만, 그 궁극적 목적은 윤리적이기보다는 수행적인 것이다.

왜냐하면 이 항목들은 단순히 행위에 대한 지침을 마련하는 데 그치는 것이 아니라, 정신적 정화를 돕는 것을 우선으로 하기 때문이다. 테라와다[上座部]의 아비담마에서는 계를 세 가지의 절제로 본다. 이렇게 보는 것은 윤리지침인 계의 준수를 통해 실제로 계발되는 것이 결국은 마음의 정화라는 사실이 분명해진다.[52]

팔정도는 번뇌를 없애는 일, 곧 마음을 정화하여 업력을 없애고 윤회로부터 해탈하는 특별한 방법을 열어 보이는 것이기 때문이다.

(3) 정어(正語, 바른 말)

바른 말은 ① 거짓말을 하지 않은 것, ② 이간질을 하지

---

52 비구 보디, 앞의 책, pp.91~93.

않는 것, ③ 거친 말을 하지 않는 것, ④ 쓸데없는 말을 하지 않는 것으로 정의할 수 있다.

거짓말은 서로 믿을 수 있는 근거가 있어야 상호 신뢰의 분위기가 조성되는데 그것과 상반되므로 사회적 결속을 해친다. 거짓말을 하게 되는 동기는 대개 탐심(貪心)이다.

이간질하는 말은 의도적으로 적개심과 분열을 조장하는 말이다. 개인이나 집단의 친목과 화합을 해치는 말로서, 이런 말을 하게 되는 동기는 보통 진심(瞋心)이다.

거친 말은 화가 나서 내뱉는 말로서 듣는 사람에게 고통을 주기 위해 하는 말이다. 욕설이나 독설, 모욕이나 빈정거림으로 나타나고, 그 뿌리는 화냄의 형태로 표출되는 진심이다.

쓸데없는 말은 목적도 깊이도 가치도 없는 무의미한 말이며, 이러한 잡담은 자신과 남들의 마음에 번뇌만 일으킨다. 현대의 통신매체들이 쏟아내는 산란한 오락물이나 불필요한 정보들 역시 쓸데없는 말에 해당한다.[53]

(4) 정업(正業, 바른 행위)
바른 행위란 불선(不善)한 의도가 몸을 통해 이루어지는

---

53 같은 책, pp.97~110 참조.

행위를 삼간다는 의미이다. 바른 신체적 행위를 구성하는 세 가지는 ① 살생(殺生)하지 않는 것, ② 훔치지 않는 것, ③ 부정(不正)한 성행위를 하지 않는 것이다.

살생하지 않는다는 것은 의식을 지닌 생물을 의도적으로 죽이거나 해치고 괴롭히는 행위를 하지 않는 것이다. 여기서 의식을 지닌 생물은 사람과 다른 동물 그리고 곤충 등을 의미한다. 훔치지 않는다는 것은 다른 사람의 정당한 소유물을 훔치려는 의도에서 자기 것으로 삼는 것을 삼가는 것이다. 대부분의 경우에 있어서 탐심이나 진심이 그 동기가 된다.

부정한 성행위를 하지 않는다는 것은 일상에서 성적 욕망을 잠재우려고 하는 노력이다. 중생들에게는 생존의 욕망과 성적 욕망이 가장 뿌리 깊은 욕망들인데, 정업은 이러한 욕망들을 떠나는 훈련의 출발점이다. 성욕은 생명을 계속 이어가게 하려는 자연의 음모로서 무의식에까지 뿌리를 둔 욕탐이며, 윤회를 거듭되게 하는 원인으로서 해탈의 아주 큰 장애이다. 부정한 성행위를 삼가는 것은 재가자들의 계목(戒目)이고, 비구와 비구니의 계목은 모든 성행위를 금한다.[54] 비구와 비구니가 이 계목을 범하면 각각 네 가지와

---

54 같은 책, pp.110~121.

여덟 가지의 바라이죄(pārājika, 斷頭) 가운데 하나를 어기는 것으로 승단으로부터 파문을 당하는데, 승단 추방죄로서 세간의 사형죄와 같다.[55]

(5) 정명(正命, 바른 생계)

바른 생계는 생명의 영위를 올바른 방법으로 꾸려 가야 한다는 것이다. 재물은 반드시 합법적으로 획득해야 하며, 어떠한 경우에도 남에게 해악이나 고통을 끼치지 않는 정당한 방법으로만 획득해야 한다. 출가자는 무소유와 걸식으로 삶을 영위해야 하며, 특히 사주나 관상 그리고 점(占) 등으로 생계를 유지해서는 안 된다.

재가자는 정당한 직업을 통해서 생계를 유지해야 한다. 붓다께서는 재가자들이 해서는 안 되는 다섯 가지 생계수단으로 ① 무기 거래, ② 생명체의 거래, ③ 육류 생산 및 도살업, ④ 독약 거래, ⑤ 술이나 마약 거래를 언급하셨다.[56]

(6) 정정진(正精進, 바른 노력)

바른 노력은 윤회의 괴로움으로부터 해탈을 지향하는 유익한[善] 의식 상태에 들어 있는 마음 작용을 계발하는 정진

---

55 水野弘元, 석원연 옮김, 『불교용어 기초지식』, p.108.
56 비구 보디, 앞의 책, pp.121~124 참조.

의 힘이다. 이제 직접적인 정신계발에 들어가는 마음의 정화에 대한 노력이다. 팔정도의 각 항목은 나머지 다른 항목들과 하나인 것처럼 유기적으로 작용한다. '팔'정도임에도 단수 형태로 쓰는 것이 그것을 잘 말해 주고 있다.

불교는 자기 구원을 말하는 자력 신앙이다. 해탈은 각자 스스로가 이루어 내야만 하므로 본인이 노력하지 않으면 안 된다. 수행의 노력은 그 누구도 대신해 줄 수가 없다. 붓다께서는 해탈에 이르는 길을 열어 보이신 것이며, 미혹되고 오염된 마음을 지혜로 밝아지고 청정하며 자비롭고 해탈한 마음으로 바꾸는 것은 오로지 자기의 꾸준한 노력에 의해서이다.[57]

바른 노력은 다음 네 가지로 분류할 수 있다.

① 아직 일어나지 않은 해로운 마음 작용[不善法][58]이 일어나는 것을 막으려는 노력.

정신계발에 필요불가결한 삼매와 지혜를 얻는 사마타[止]와 위빳사나[觀]라는 두 수단을 일어날 수 없도록 방해하고, 그리하여 해탈로 가는 길을 가로막는 대표적인 번뇌

---

57 같은 책, pp.128~129.
58 불교에서 일반적으로 선(善)은 현재와 미래에 자기와 남에게 모두 이익이 되는 것이고, 불선(不善)은 현재와 미래에 자기와 남에게 모두 불이익이 되는 것이다. 선과 불선에 대한 더욱 본질적이고 구체적인 의미는 註61)을 참조할 것.

가 오개(五蓋)라는 다섯 가지 장애인데, 이것들이 해로운 마음 작용의 전형이다. 해로운 마음 작용과 관련해서 해야 할 첫 번째 노력은 아직 일어나지 않은 장애[煩惱]를 일어나지 못하도록 제어하고 예방하는 일이다.

일반적으로 이런 장애가 활성화되도록 촉발시키는 것은 감각적 경험이 제공하는 정보이다. 감각 정보에 대해 지혜로운 주의력[如理作意]을 일으키면 유익한 마음 작용[善法]이 되고, 지혜롭지 못한 주의력[非如理作意]을 일으키면 해로운 마음 작용[不善法]이 된다.

감각 정보에 대해 번뇌로써 반응하지 않기 위해서는 감관을 단속하고 제어하는 것이 필요하다. 감관을 단속하고 제어하기 위해서는 번뇌라는 것이 감관이나 대상에 있는 것이 아니라 마음에 있는 것이므로, 사띠챙김[正念]과 알아차림[正知]이 개입되어 계속 작동되어야 한다.[59]

② 이미 일어난 해로운 마음 작용[不善法]을 버리려는 노력.
해로운 마음 작용을 제압하고 제거하려는 노력으로 i) 감각적 욕망에 대한 치유법으로는 부정 수행(不淨修行)이 있고, ii) 악의(惡意)에 대한 치유법으로는 자애 수행이 있

---

59 비구 보디, 앞의 책, pp.130~138 참조.

다. iii) 혼침·졸음에 대한 치유법으로는 니밋따 수행, 걷기 수행, 사수념(死隨念)이 있으며, iv) 들뜸·후회에 대한 치유법으로는 호흡 수행이 있다. v) 회의적 의심에 대한 치유법으로는 자기 자신이 직접 정확한 방법으로 불교의 수행들을 해 보거나, 불교학 공부를 통해서도 의심들을 조금씩 지워갈 수가 있다.[60]

이외에도 경전에는 번뇌들을 다스리고 제거하는 다양한 기법들이 있다. 불교 수행의 전체적인 맥락에서 보자면, 사마타 수행으로 본삼매를 얻으면 오개(五蓋)가 제압되고, 위빳사나 수행으로 도와 과의 지혜를 증득하면 오개의 뿌리까지 제거할 수 있다.

③ 아직 일어나지 않은 유익한 마음 작용[善法][61]을 일으

---

60 같은 책, pp.138~144 참조.
61 선(善, kusala)으로 번역된 꾸살라(kusala)라는 단어는 꾸샤(kusa)와 라(la)로 분석된다. 꾸샤는 '꾸샤'라는 풀[草]의 명칭이고, '라(√la)'는 '자르다, 베다'의 의미가 있다. 그래서 '꾸살라'는 '꾸샤풀을 베는 것'을 뜻한다. 꾸샤는 인도의 전통적 제사에 반드시 있어야 하는 중요한 의미를 가진 풀이다. 그런데 이 풀은 아주 억세고 날카로워서 주의를 기울이지 않고 잘 못 자르게 되면 손에 베이게 된다. 이와 같이 어떤 행위가 선이기 위해서는 반드시 지혜로운 주의를 기울임[如理作意]이 필요하다는 의미를 가진다. 그러므로 꾸살라의 원의미는 '능숙한, 잘하는, 좋은, 유익한, 숙련된' 등으로 나타낼 수 있다. 불교에서는 몸과 마음을 다스리기에 '좋은·능숙한·잘하는'의 의미를 가지며, 수행에 도움이 되는 일, 곧 탐·진·치가 줄어 들고 소멸되게 하는 행위가 선이다. 그 반대로 탐·진·치가 증장하고, 수행에 장애가 되는 것은 불선(不善, akusala)이다. 〈초기불전〉에서는 선(善)은 열반을 증득하고 해탈을 성취하는 데 도움이 되는 것이고, 불선(不善)은 그와 반대가 되는 것이다. 선은 기본적으로는 도덕적으로 좋은 것을 뜻하기는 하지만, '착하다'는 윤리적인 의미만으로는 그 깊은 뜻을 다 드러낼 수가 없다.

키려는 노력.

유익한 마음 작용을 일으키기 위해 계발해야 할 법은 삼매·지혜·오력·사념처·팔정도 등 다양하게 분류될 수 있지만, 붓다는 그 중에서도 특히 칠각지의 중요성을 강조하셨다. 오개가 괴로움을 발생시키는 원인이라면, 칠각지는 괴로움의 소멸, 곧 해탈의 조건이 되는 깨달음의 항목들이다. 그리고 칠각지는 순차적으로 계발되는 성향을 가지고 있다.

바른 사띠챙김이 이어져서[念覺支] 법을 잘 가려서 보게 되고[擇法覺支], 법을 잘 가려서 보는 지혜가 성숙되기 시작하면 오개가 있으면 놓아버리고 칠각지를 계발하는 노력을 계속하게 되고[精進覺支], 이제 사정근에 의해 오개를 버림으로써 비세속적인 희열이 생기고[喜覺支], 나아가 몸도 고요해져서 몸과 마음이 모두 가볍고 편안해지면서[輕安覺支], 비로소 마음이 한 대상에만 집중하는 삼매에 들어 고요해진다[定覺支]. 삼매에 더욱 힘이 생겨 오개가 제압되면 어떤 대상에 대해서도 좋아하지도[貪] 싫어하지도[瞋] 않게 바라볼 수 있게 되면서 마음이 온전하게 평온해진다[捨覺支].

칠각지의 일곱 가지 항목은 깨달음으로 이끌 뿐만 아니라, 깨달음을 구성하고 있기 때문에 한 벌의 '깨달음의 항목들'로 함께 묶을 수 있다. 그것들은 팔정도의 예비단계에서

는 실현을 위해 길을 준비하고, 끝에 이르면 깨달음의 구성 항목으로 남는다.[62]

④ 이미 일어난 유익한 마음 작용[善法]을 유지하고 완전하게 만들려는 노력.

칠각지를 완전하게 발전시키기 위해 분발하고 있는 힘을 다해 사마타 수행과 위빳사나 수행에 대한 바른 노력이 절정에 이르도록 해야 한다. 사념처라는 수행 주제를 마음에 확고히 지켜 깨달음의 일곱 가지 항목으로 하여금 안정성을 얻어 점진적으로 힘을 키워나가게 하고, 결국에는 해탈을 실현시키는 깨달음에 이르도록 한다.[63]

지금까지 살펴본 바와 같이 정정진은 우선 오개를 제압하면서 점차 제거해 나가고, 더불어 칠각지를 계발하여 성숙시켜 가서 열반을 증득하고, 종국에는 완전한 해탈을 실현하고자 하는 노력이라는 것을 알 수 있다.

(7) 정념(正念, 바른 기억챙김·사띠챙김)
염(念)으로 번역된 사띠(sati)는 '바로 하나 전 찰나의 기억'

---

62 비구 보디, 앞의 책, pp.144~148 참조.
63 같은 책, pp.148~149.

이다. 다만 수행과정에서 과거의 오온과 미래의 오온을 관찰하는 단계에서는 예외가 된다.

많은 사람들이 오래전의 것을 기억하는 것만을 기억으로 생각하기 때문에 하나 전의 찰나의 것도 과거이며 그것을 떠올리는 것이 기억이라는 사실을 놓친다. 사념처의 수행에 있어서 사띠는 '후 찰나의 마음이 전 찰나의 몸과 마음을 보도록 해 주는 마음 작용'이다.

이러한 기억챙김이 끊어지지 않고 이어져야 수행 중에 업력에 의한 번뇌와 망상이 산란하고 집요하게 일어나는 것을 차단할 수 있고, 그리하여 집중과 관찰하는 힘을 쌓아 갈 수 있게 된다.

바른 기억챙김을 확립하는 방법이 사념처의 관찰, 곧 위빳사나 수행이다. 위빳사나라는 지혜를 얻는 수행은 사념처라는 기억의 대상을 관찰하여 그것들의 본성이 무상·고·무아라는 것을 통찰하게 만든다. 사띠챙김이 없을 때는 실재들의 본성을 볼 수가 없어 단지 개념만을 알게 된다. 그래서 평생 동안 존재·자아·남자·여자라는 등 개념적·실체적 생각만 하게 되는 것이다. 사물을 개념으로 보고 언어로 표현할 때는 항상 탐심이나 진심 등의 번뇌가 일어날 수 있다.

지혜는 있는 그대로의 대상을 인식하는 마음 작용이다.

그 대상은 실재·인과(因果)·삼법인 그리고 열반이다. 지혜도 무상하고 무아의 것이지만, 번뇌를 제거하여 괴로움을 소멸시키는 작용이 있다. 위빳사나 수행을 통해 지혜를 계발하여 사념처를 직접 관찰하면 '나'와 '나의 것'이 없음을 지견(知見)하게 되고, 무상·고·무아를 통찰하여 대상에 대한 모든 집착을 내려놓게 된다. 이와 같이 법이 실현되는 곳은 바로 자기 자신의 내부이다.

그리고 사념처를 수행의 주제로 하는 것은 신(身)·수(受)·심(心)·법(法)이 '나'라는 관념에 근거가 될 만한 가장 대표적인 것들이기 때문이다. 그래서 그것들은 '무아[空]'를 깨닫게 하는 아주 적합한 수행주제들이다.

① 신수관(身隨觀, 몸 관찰)

『대념처경』에서 들고 있는 ⅰ) 호흡, ⅱ) 네 가지 몸의 자세, ⅲ) 네 가지 분명히 알아차림, ⅳ) 몸의 서른두 가지 부위,[64] ⅴ) 사대(四大)의 분석, ⅵ) 아홉 가지 시체에 대한 관찰[65]을 통해, 몸의 본성이 무상·고·무아라는 것을 통찰하

---

64 부정(不淨) 수행으로서 마음속에서 몸을 구성요소별로 해부한 후에 그 하나하나를 관찰하여, 그것들이 얼마나 혐오스러운 지를 밝혀나가는 것이다. 주로 성적 욕구에 사로잡혀 있는 상태에 대처하기 위한 것이다.
65 부정관(不淨觀)으로 알려진 수행이다. 죽은 후 몸이 해체되는 것을 관찰하는 수행으로 특히 탐욕이 많은 사람에게 적합한 수행법이라고 한다. 이 수행의 목적은 존재에 대한 자아론적 집착을 분리하고 절단하는 데 있다.

여 자기와 몸을 동일시하는 자아에 대한 인식이 깨어지고, 더불어 몸에 대한 영원하고 즐겁고 청정하다는 전도(顚倒)된 생각에서도 벗어나게 된다. 나아가 몸에 대한 집착도 끊게 된다.

사실 몸은 생멸하는 물질적 과정의 한 형태에 지나지 않고, 그 내면에 실체적 주체가 없어 몸은 자아도 자아의 것도 아니다. 또 죽음은 피할 수 없고, 몸의 붕괴 또한 막을수 없다. 이 몸은 결국 죽어서 썩고 분해될 수밖에 없는 것이다. 이러한 몸의 관찰에 의한 무상·고·무아·부정의 통찰을 통해 몸에 대한 잘못된 인식과 집착을 모두 내려놓게되는 것이다.[66]

② 수수관(受隨觀, 느낌 관찰)

『대념처경』에서는 느낌 관찰의 대상으로 괴로운 느낌[苦受]·즐거운 느낌[樂受]·괴롭지도 즐겁지도 않은 느낌[不苦不樂受] 등 아홉 가지를 들고 있다. 느낌은 흔히 잠재되어 있는 번뇌를 활성화하기 때문에 특별히 중요한 관찰 수행의 대상이 된다. 삼매가 약해서 마음에 오개가 있으면, 마음은 즐거운 느낌에는 탐욕으로 반응하고, 괴로운 느낌에

---

66 비구 보디, 앞의 책, pp.160~170 참조.

는 진심(瞋心)으로 반응한다. 그리고 괴롭지도 즐겁지도 않은 느낌이 일어날 때는 일반적으로 그것을 주목하지 않고 잘 가려서 보지 못해 미혹[어리석음]에 지배당한 마음상태가 된다. 이들 사이의 연결고리를 끊으려면 사띠챙김의 역할이 반드시 필요하다.[67]

사띠챙김이 십이연기 유전문(流轉門)의 느낌에서 갈애로 연결되는 것을 끊어가서 장차 윤회를 멈추게 하는 것이다.

삼매의 힘이 오개를 억누르고 온전한 평온심으로 느낌을 보는 능력을 가지게 해 준다. 그러면 느낌은 조건에 의지해서 발생하는 것으로 자아에 속하지 않으며, 나의 통제 밖에 있다는 것을 알게 된다. 이것은 '자아가 아니고, 자아의 것이 아니고, 나의 자아가 아니다'라고 보게 된다. 그리하여 느낌도 생멸하는 무상·고·무아라는 사실을 통찰하게 된다. 이제 탐심과 진심으로 반응하던 것을 멈추게 되고 분명한 관찰로 지혜가 생기며, 즐거움과 괴로움으로부터의 자유[解脫]가 있게 된다.

③ 심수관(心隨觀, 마음 관찰)

『대념처경』에서는 마음 관찰의 대상으로 오개를 수반하

---

67 같은 책, pp.172~173.

고 있는 마음들을 비롯해서 열여섯 가지의 마음을 언급하고 있다. 이와 같이 마음 관찰은 심소(心所)들이 수반된 전반적인 마음 상태를 대상으로 한다. 많은 사람들이 마음을 그 자체가 변함없이 자기 동일성을 유지하는 지속적 기능이라고 생각한다.

그러나 불교에서는 마음을 느낌·지각·의지 등의 지속적 주체로 보지 않고, 각기 별개로 분리된 순간적 의식이 이어지는 기능들의 연속으로 본다. 그런데 마음만을 보기는 매우 어려우므로 마음을 관찰할 때는 마음 작용[心所]을 지표로 삼는 수밖에 없다.[68] 그래서 오개 등의 심소가 수반된 마음을 대상으로 하여 관찰하는 것이다.

관찰 수행이 깊어지면 마음을 '나' 또는 '나의 것'으로 자신과 동일시하지 않으며, 자아나 자아에 속한 어떤 것으로도 인식하지 않는다. 바람직하다고 집착하거나 바람직하지 않다고 거부함이 없이 다만 관찰만을 계속한다. 그리하여 마음 그 자체도 순간순간 생멸한다는 것을 보게 된다. 이러한 관찰을 통해 마음의 본성이 무상·고·무아라고 통찰하게 되고, 마음을 '나'라고 잘못 인식하거나 '나의 것'이라는 집착을 하지 않게 되는 것이다.

---

68 같은 책, pp.176~177.

④ 법수관(法隨觀, 법 관찰)

『대념처경』에서는 법념처를 다섯 가지의 묶음으로 나누는데, 오개·오온·십이처·칠각지 그리고 사성제가 그것이다. 오개와 칠각지는 심소들로서 좁은 의미의 법이고, 다른 것들은 세계의 구성성분으로서 유위법과 무위법을 모두 포함하는 넓은 의미의 법이다. 그러나 십이처에 관한 부분에 나오는 감각을 통해 일어나는 족쇄들은 심소들에 포함될 수 있다.[69]

i) 오개의 사띠챙김 확립

위빳사나 수행은 탐·진·치를 제거하는 작업이다. 사띠챙김의 목적은 탐욕이나 성냄 등이 육근(六根)으로부터 들어오는 것을 방지하는 것이다. 이러한 현상에 대한 사띠챙김이 감각적 욕망과 악의 등 오개를 방지하는 유일한 길이다. 감각적 욕망이나 악의 등을 사띠챙김함으로써 그것들이 순간순간 제거되고 해소된다. 감각적 욕망·악의·해태와 혼침·들뜸과 후회·의심 등은 해로운[不善] 의업(意業)을 일으키고, 해로운 의업은 해로운 신업(身業)과 구업(口業)의 원인이 된다. 그 결과는 괴로움이다.

---

69 같은 책, p.181.

그러므로 감각적 욕망과 악의 등의 형성을 예방하기 위해서는 모든 현상을 사띠챙김해야 한다. 대상을 견문각지(見聞覺知)하는 순간 곧바로 사띠챙김하면 단지 어떤 대상으로만 남을 뿐, 어떠한 좋고 나쁜 느낌에 대한 감각적 욕망과 악의 등의 오개라는 번뇌는 일어나지 않는다.

ii) 오온의 사띠챙김 확립

오온에 대한 사띠챙김을 확립해 가는 수행[위빳사나]은 몸과 마음에서 일어나는 현상을 사띠챙김하는 순간 이런 현상을 자기와 동일시하지 않고 법으로 객관화할 수 있게 한다. 그런 결과로 통찰의 지혜가 생기면, 오온이 무상하고 괴로움이며 실체적 주체가 없는 무아임을 볼 수 있다. 오온은 실제로 한 찰나만 존재하는 법이며, 이런 몸과 마음이 수행자에게는 사띠챙김할 대상이지 집착의 대상이 아니다. 수행의 여부에 따라 몸과 마음은 괴로움이 일어나는 곳이기도 하고 괴로움이 소멸하는 곳이기도 하다.

불교의 모든 수행은 오온의 본성을 있는 그대로 관찰하는 방법이다. 곧 법의 본성인 무상·고·무아와 연기의 진리를 보는 것이다. 위빳사나라는 말은 현상의 무상·고·무아의 특성을 통찰하는 것을 의미한다. 그와 같은 것을 통찰함으로써 여러 가지의 위빳사나 지혜가 성취된다.

수행자는 탐욕과 분노, 그리고 집착을 방지하기 위해서 육체적·정신적 현상이 일어나는 순간에 그것을 사띠챙김해야 한다. 그 순간에 사띠챙김을 하지 못하면 탐욕과 분노 등이 계속 일어나게 된다. 수행자는 물질적·정신적 현상을 일어나는 순간순간마다 사띠챙김하여, 불변(不變)의 자아 또는 사물에 실체가 있다는 전도된 생각을 제거하고, 그것들의 본성인 무상·고·무아를 통찰해야만 잘못된 인식과 집착을 내려놓을 수 있게 된다.

iii) 십이처의 사띠챙김 확립

탐욕과 성냄 등의 번뇌는 오로지 육근(六根)을 통해야만 들어올 수 있다. 수행자는 탐욕과 성냄 등을 방지하기 위하여 육근을 잘 단속해야 하는데, 그 구체적인 방법이 육근으로부터 들어오는 모든 현상을 사띠챙김하는 것이다. 그렇게 사띠챙김함으로써 탐욕과 성냄 등의 번뇌가 육근을 통해 일어날 수가 없게 된다.

형색이나 소리 등의 다섯 가지 대상이 일어날 때 바로 그 순간 사띠챙김하면 탐욕이나 성냄이 없이 그 현상은 있는 그대로 일어났다가 사라진다. 의식의 대상인 생각된 것[法境] 또한 일어나는 순간 사띠챙김하면 탐·진·치를 일으키는 분별 과정을 막을 수 있다. 만약 형색이나 소리 등을 사띠챙김하지 않으면 번뇌와 집착이 생긴다. 즐거운 대상에 대해서는 탐착을 일으키고, 싫은 대상에 대해서는 성냄을 일으키게 되는 것이다.

수행자는 육내입처를 사띠챙김하고, 육외입처를 사띠챙김하며, 이 육내외입처를 조건으로 하여 일어난 족쇄를 사띠챙김한다. 이와 같이 수행자가 십이처를 법념처로 사띠챙김한다는 것은 감각기관과 감각대상이 만날 때 사띠챙김을 확립하여 지금 여기에서 일어나는 족쇄를 있는 그대로 보고, 이 법들이 일어나고 사라지는 것을 있는 그대로 관찰하여, 무상·고·무아를 통찰하면서 아무것도 집착하지 않는다는 것이다.

수행자는 계속 사띠챙김을 이어가서 일시적으로 이런 족쇄가 소멸하는 경험을 하고, 계속 사띠챙김을 확립해 가는 수행, 곧 위빳사나 수행에 열심히 정진하여 이런 열 가지 족쇄가 완전히 소멸하게 되는 것은 아라한의 도를 성취할 때이다.

iv) 칠각지의 사띠챙김 확립

칠각지라는 해탈을 실현하는 데 직접적인 도움이 되는 깨달음의 항목들을 계발하기 위해서는 강한 사띠챙김의 힘이 필요하다. 이 항목들 중에서 어느 것이든 일어나면 철저히 알아차림하고 분명하게 관찰하면서, 그것이 어떻게 생겨나며, 어떻게 하면 충분하게 발달시킬 수 있는지를 알아내기 위해 탐구해야 한다.

그렇지만 해탈을 실현하는 데 조건이 되는 칠각지도 법념처의 내용으로서는 일차적으로 사띠챙김의 대상으로서의 법이다. 실재로서의 깨달음의 항목들은 각각 고유한 특성과 함께 무상·고·무아라는 보편적 특성을 함께 가지고 있다.

수행자는 각 항목들을 있는 그대로 알고 봄으로써 무상·고·무아를 깊이 통찰하게 된다. 그리하여 칠각지들을 자기와 동일시해서도 안 되지만 집착해서도 안 된다는 것을 깨닫게 된다. 이와 같이 깨달음의 항목들도 수행자에게는 사띠챙김할 대상이지 집착의 대상이 아니다.

v) 사성제의 사띠챙김 확립

사성제 중에서 위빳사나의 대상이 되는 것은 고성제와 집성제이다. 고성제의 관찰은 결국 오온의 관찰이고, 집성제의 관찰은 괴로움의 원인이 무명과 갈애이므로 오개의 관찰과 그 내용이 겹친다.

그러므로 수행자가 사성제를 알기 원한다면, 그는 반드시 오온, 곧 정신과 물질을 사띠챙김해야만 한다. 정신과 물질을 사띠챙김함으로써 그 원인이 되는 무명과 갈애도 보게 된다. 그리하여 수행자는 사띠챙김을 통해서 얻은 수혜(修慧)로써 괴로움[五蘊]과 괴로움의 원인[渴愛]을 무상·고·무아의 법으로 보는 통찰력을 얻는다.

통찰해야 할 네 가지 특성은 무상·고·무아·부정함인데, 그는 지혜로써 영원함[常]·즐거움[樂]·자아[我]·청정함[몸에 대한 애착]이라는 전도된 인식을 제거한다. 이제 고(苦, 五蘊)의 생멸을 통해 고와 집(集, 渴愛]의 무상·고·무아·부정(不淨)을 보고 네 가지의 전도된 인식을 버리면서, 마침내 고의 소멸, 곧 열반을 증득하게 된다. 해탈을 성취하면서 법념처의 완성이 있게 된 것이다.

(8) 정정(正定, 바른 마음집중·삼매)

정(定, 三昧)은 마음이 한 대상을 향해 집중되어 있는 상태이다. 그러나 정정(正定, 바른 三昧)은 오직 유익한[善] 마음 작용으로서 마음이 한 대상에 집중되어 고요해진 상태를 말한다. 그 가운데서도 본삼매는 사마타 수행을 통해 마음을 더 높고 보다 더 순수한 수준으로 끌어 올리려는 의도적인 노력의 결과로 얻어진 고귀한 경지의 집중이다.[70]

바른 삼매가 발전되면 다섯 가지의 선정요소들이 생겨나서, 감각적 욕망·악의·해태와 혼침·들뜸과 후회·의심이

---

70 같은 책, pp.185~186.

라는 다섯 가지의 장애[五蓋]가 극복된다. 선정의 각 요소가 특정한 장애 하나씩을 제압하는 것이다.

향하는 생각[尋]은 마음을 대상 쪽으로 기울여 해태와 혼침을 약화시킨다.

머무는 생각[伺]은 마음을 대상에 머물게 함으로써 일시적으로 의심을 몰아낸다.

기쁨[喜]은 악의(惡意)를 제지하고, 즐거움[樂]은 들뜸과 후회를 배제한다.

심일경성(心一境性)은 마음을 산란하게 하는 가장 큰 장애인 감각적 욕망을 제압한다.

이처럼 선정 요소들이 강화되면 다섯 가지의 장애는 가라앉지만, 그렇다고 근절되는 것은 아니다. 그래서 본삼매도 출세간의 마음이 아니고 세간의 마음이다. 장애들이 근절되려면 지혜에 의하지 않으면 안 된다.[71]

경전에서 바른 삼매로서 설명하고 있는 것은 네 가지 색계의 본삼매이다. 네 가지 본삼매의 경지를 선정의 요소들과 결합하여 살펴본다.

① 초선 : 심(尋)·사(伺)·기쁨[喜]·즐거움[樂]·심일경성[定]
② 제2선 : 기쁨·즐거움·심일경성

---

71 같은 책, pp.197~198.

③ 제3선 : 즐거움·심일경성
④ 제4선 : 평온[捨]·심일경성

네 가지의 무색계정(無色界定)과 함께하는 심소들도 색계 제4선의 평온과 심일경성이므로, 바른 삼매에 무색계의 네 가지 정을 포함시켜 여덟 가지의 선정으로 말해도 내용상으로 문제는 없다. 그리고 넓은 의미의 삼매에는 위와 같은 본삼매와 본삼매에 근접한 근접삼매와 위빠사나 수행에서 필요한 삼매로서 순간순간 강한 대상으로 옮겨가는 찰나삼매가 있다.

색계와 무색계의 마음은 장애를 벗어났고 청정하고 위대한 본삼매의 마음이기 때문에 '고귀한 마음'이라고 부른다. 이러한 고귀한 본삼매의 마음은 천신(天神)들의 마음이다. 색계천(色界天)은 색계 네 가지 본삼매 중의 하나를 많이 닦아서 태어나는 곳이다. 물론 임종 시에 이런 본삼매에 들어서 죽어야 하며, 그런 본삼매의 힘으로 색계천 중에서 그 본삼매의 경지와 같은 세계에 천신으로 태어나는 것이다. 무색계천(無色界天)도 임종 시에 네 가지 무색계 본삼매 가운데 하나에 든 자들이 태어나는 곳이다.[72]

---

72 대림 외 1인 옮김, 『아비담마 길라잡이 1』, p.526.

9. 지혜와 획득함의 본성은 공성이다

(공성에서는) 지혜가 없으며, 획득함이 없고(획득하지 못하게 함도 없다).

●

[무지역무득(無智亦無得) 무비득(無非得)]

❶ 공성에서는 지혜가 없다
[무지(無智)]

    지혜는 사물을 있는 그대로 알고 보는 직관능력으로서 윤회고(輪廻苦)의 근본적 원인이 되는 무명(無明)을 제거하는 마음이다. 지혜는 팔정도(八正道)라는 마음 작용[心所]들을 계발하여 조건을 갖춤으로써 얻을 수 있다. 지혜는 실재와 인과(因果), 그리고 무상·고·무아를 대상으로 하여 보는 마음이고, 도(道)와 과(果)의 지혜는 열반을 대상으로 하는 마음이다.

    이와 같이 무명을 제거하여 해탈을 향하게 하는 지혜도 팔정도의 계발을 조건으로 하여 연기한 것이므로 공성의 것으로서 실체가 있을 수 없다. 그러므로 지혜를 자기와 동일시하거나, 실체적인 것으로 인식하거나, 지혜를 '나의 것'이라고 집착해서는 안 된다.

    지혜에 대한 집착도 집착일 뿐으로서 번뇌이고 불선법(不善法)이 된다. 지혜와 열반 그리고 해탈에 대한 탐착도 번뇌이고 불선법이므로 완전한 해탈에 들기 위해서는 불선업(不善業) 뿐만 아니라 선업(善業)조차도 남겨서는 안 되므로, 실제 수행상에 있어서도 수행의 발전을 방해하는 요인들은 당연히 모두 다 내려놓아야 한다.

'무지(無智)'는 바로 이러한 사연을 얘기하고 있는 것이다. 그래서 지혜의 공성까지 봐야 한다고 강조하는 것은 번뇌를 근절하여 어떠한 업력도 남기기 않고서 반드시 해탈에 들어야 한다는 메시지라는 것을 알 수 있다.

❷ 공성에서는 획득함[得]이 없고 (획득하지 못하게 함[非得]도 없다) – 무득(無得) [무비득(無非得)]

획득함[得]이란 중생들로 하여금 자신이 상속한 유위법들이나 택멸(擇滅)의 무위법을 획득하고 성취하게 하는 힘을 말한다. 여기서 택멸은 간택(簡擇), 곧 지혜에 의해서 얻어진 번뇌의 소멸[깨달음]이다. 설일체유부에서는 중생들로 하여금 업의 과보를 얻게 하여 삼계(三界)와 육도(六道) 내지 중생과 성인(聖人) 등의 차이를 있게 하는 힘으로서 '득(得)'이라는 개념을 설정했다. 만약 이러한 힘의 실재성을 부정할 경우에는 중생과 성인의 차이는 물론 번뇌의 단멸(斷滅)과 단멸하지 못함을 구별할 수도 없게 되기 때문이다.

말하자면, 번뇌 단멸의 획득은 그것을 획득하게 하는 힘이 전제되어야 하는 것이다. 중생의 선(善)과 성인의 선(善)이 차이가 나는 것, 곧 선에도 수준의 차이가 있는 것은 힘[세력]의 차이가 있기 때문이다.[73]

산스끄리뜨 본에는 '무비득(無非得)'에 해당하는 말이 있

---

73 권오민, 『아비달마 불교』, p.82.

지만, 현장 스님은 번역하지 않았다. 비득(非得)은 득(得)의 반대 개념으로 '획득하지 못하게 하는 힘'이다. 이를테면, 중생은 무루법(無漏法)의 비득을 본질로 하는 존재이고, 성인은 유루법(有漏法)의 비득을 본질로 하는 존재이다.[74]

득과 비득은 서로 역작용(逆作用)을 가진 법으로서 불상응행법(不相應行法)에 속한다. 그러나 이 두 법도 어떤 추상적인 힘은 가지고 있지만 실체는 없으므로 공성의 입장에서 보면 득과 비득은 없다. 그러므로 두 법에 대한 실체적 인식이나 집착은 모두 내려놓아야 한다.

---

74 같은 책, p.83.

10. 반야의 완성에 의한 보살의 구경열반

(여기에서 사리자여,) 획득될 것이 없기 때문에 보리살타는 반야바라밀다에 의지하므로 마음에 장애가 없이 (안주한다). (마음에) 장애가 없기 때문에 두려움이 없고, 전도된 생각을 초월하고서 궁극의 열반을 성취한다.

●

이무소득고 보리살타 의반야바라밀다고 심무가애 무가애고 무유공포 원리전도몽상 구경열반(以無所得故 菩提薩埵 依般若波羅蜜多故 心無罣碍 無罣碍故 無有恐怖 遠離顚倒夢想 究竟涅槃)

❶ (여기에서 사리자여)

산스끄리뜨 본에는 '여기에서 사리자여[tasmācchāriputra]'에 해당하는 말이 있지만, 현장 스님은 번역하지 않았다.

❷ 획득될 것이 없기 때문에
[이 무소득고(以無所得故)]

'무소득'은 대부분의 경우에 있어서 '앞의 글에 의해서 알려진 이법(理法)이란 없다'는 뜻이다. 여기에서는 앞 문장들의 내용과 관련해서 살펴본다면, 지혜의 획득이나 열반의 성취에는 탐욕이라는 불선법(不善法)이 일어날 수 있기 때문에, 아직은 그러한 것들을 절대적인 것으로 긍정할 수가 없다는 의미가 된다. 공성의 입장에서 획득될 것이 '없다'고 부정하면서 그러한 위험성을 미리 차단하고자 하는 것이다. 이제 보살 자신은 공성을 체득하고서 모든 것을 다 내려놓을 수 있게 되었다.

❸ 완전한 깨달음을 추구하는 존재
[보리살타(菩提薩埵)]

'보살'의 개념에 대해서는 이미 앞에서 설명했다. 이 단락에서는 바로 이어지는 문장에서 '보살이란 어떤 존재인가'를 아주 간략하게 정의하고 있다.

보살은 반야의 완전한 성취를 위해 정진을 계속하므로 윤회고(輪廻苦)의 원인이 되는 오개(五蓋)를 일으키는 일이 없어 언제 어디에서나 일상에서도 마음을 고요히 안주할 수 있게 된다는 것이다.

❹ 반야바라밀다에 의지하므로 마음에 장애가 없이 안주한다

[의반야바라밀다고 심무가애 <안주> (依般若波羅蜜多故 心無罣碍 <安住>)]

'반야바라밀다'에 대해서도 앞에서 설명했다. 그리고 현장 스님은 '안주한다(viharati)'라는 말은 번역하지 않았다. 마음의 장애는 번뇌를 말하는데, 불교에서 말하는 대표적인 장애는 오개(五蓋)이다. 오개는 대표적인 번뇌들로서 다섯 가지 장애라는 뜻이지만 사실은 모두 일곱 가지의 심소가 포함되어 있다. 그것들 중에서 '해태와 혼침' 그리고 '들뜸과 후회'가 쌍(雙)으로 합해져서 다섯 가지의 장애로서 나타나는 이유는 그들 각각의 기능과 조건과 대처하는 방법이 유사하기 때문이다.[75]

오개는 ① 감각적 욕망, ② 악의, ③ 해태와 혼침, ④ 들뜸과 후회, ⑤ 의심이다. 이러한 장애들은 윤회의 괴로움을 있게 하는 원인이 된다. 주석서에서는 이러한 심소들이 천상(天上)의 길과 열반의 길을 방해하기 때문에 장애라 한다고 설명하고 있다. 오개는 본삼매를 얻는 것을 방해하는 주

---

75 대림 외 1인 옮김, 앞의 책, p.110.

된 심소들이지만, 그 심소들의 밑바탕에는 반드시 무명이 자리하고 있기 때문에 통찰지가 일어나는 것을 방해하는 장애이기도 하다.[76]

그리고 실제로 수행을 함에 있어서 삼매 없이는 통찰지를 얻을 수도 없다. 이러한 오개들이 없어졌을 때, 보살뿐만 아니라 그 누구라도 언제 어디에서나 고요히 안주할 수가 있다. 보살로 있는 한 아직 윤회가 남아 있기는 하지만, 이제 그는 일상에서도 편안히 머물 수 있게 되었다는 말이다.

76 같은 책, p.109.

❺ (마음에) 장애가 없기 때문에
두려움이 없고
[<심> 무가애고 무유공포 <心> (無罣碍故 無有恐怖)]

이 단락에서도 현장 스님은 '마음(citta)'의 번역을 생략했
다. 이러한 오개가 삼매에 의해 제압되기만 한 것이 아니
라, 반야바라밀다의 힘에 의해 그 뿌리까지 제거되었다면,
이미 해탈의 문에 들어선 것이므로 생사윤회의 고통에 대
한 두려움도 사라지게 된다. 마음의 정화가 크게 이루어져
서 모든 탐착을 내려놓게 된 자는 죽음 앞에서조차도 불안
과 공포심이 없게 된다.

❻ 전도된 생각을 초월하고서 궁극의 열반을 성취한다

[원리전도몽상 구경열반 (遠離顚倒夢想 究竟涅槃)]

현장 스님은 이 문맥에서도 '성취한다'는 의미를 가진 '쁘랍따하(prāptaḥ)'를 번역하지 않았다. 잠재성향으로서의 오개까지 제거될 때는 무명도 소멸되기 때문에 무명의 한 형태인 네 가지의 전도된 인식들도 극복이 된다. 네 가지의 전도된 인식이란 오온에 대하여

① 무상한 것을 영원하다고 생각하고[常],
② 고통인 것을 즐거움이라고 생각하며[樂],
③ 무아인 것을 실체적인 자아가 있다고 생각하고[我],
④ 부정한 것을 청정하다고 생각하는 것[淨]을 말한다.

그러므로 네 가지의 전도된 인식들은 바로 네 가지의 사견(邪見)이다. 이러한 사견들을 초월해야 출세간적인 정견(正見)을 얻을 수 있고 장애들을 크게 극복하면서 더욱 깊은 깨달음을 성취하게 된다.

무명을 포함하는 모든 장애들, 곧 열 가지의 족쇄들을 모

두 끊어 버렸을 때 구경열반이 성취되면서 이제 보살은 붓
다가 된다. 완전한 해탈의 실현이 눈앞에 다가온 것이다.
다시는 윤회하는 일이 없게 되었다. 그래서 바로 뒷 문장의
'삼세제불'로 연결이 되고 있다.

11. 반야의 완성에 의한 붓다의 무상정등각

삼세의 모든 붓다께서는 반야바라밀다에 의지
하여 최고의 바르고 완전한 깨달음을 이루셨다.

●

삼세제불 의반야바라밀다고 득아뇩다라삼먁
삼보리(三世諸佛 依般若波羅蜜多故 得阿耨多羅三藐
三菩提)

❶ 과거·현재·미래
[삼세 (三世)]

삼세는 세계의 시간적 구분으로 과거와 현재와 미래의 세 가지를 말한다. 불교에서는 시간을 실체로 보지 않고 변화하는 사물의 변천 과정 위에 임시로 세 가지의 구별을 세우는 것에 불과하다고 본다.

불교의 업설에서 보자면, 과거의 업력에 의해 현재의 삶이 형성되며, 현재의 업을 원인으로 하여 미래의 삶이 펼쳐지게 된다. 어떤 사람이 지금 여기에서 어떻게 사느냐에 따라 그의 미래는 그렇게 전개되는 것이다. 그러므로 그 사람의 현재의 삶은 과거의 업보이면서 동시에 미래에 나타날 과보의 원인을 짓는 시간이다. 때문에 현재는 과거를 원인으로 하고 미래는 현재를 원인으로 하기에 현재에는 과거도 미래도 들어 있다. 지금 이 순간들을 잘 살아야 하는 이유이다. 결코 과거의 과보인 현재의 운명을 한탄하지 말고, 미래지향적으로 지금 이 순간에 최대한으로 공덕을 쌓아가야만 하는 것이다. 물론 과거도 현재도 미래도 실체가 없으므로 탐착할 만한 것들이 되지는 못한다.

❷ 모든 붓다
[제불(諸佛)]

붓다가 어떠한 분이신지 제대로 알기 위해서는 그분이 구족하고 있는 위대한 덕성을 초기경전에 전해오는 '여래십호(如來十號)'로써 살펴보는 것이 좋다.

① 응공(應供, 아라한) : 모든 번뇌를 완전히 끊어서 세상의 존경과 공양을 받을 자격이 있는 분.

② 정변지(正遍知, 正等覺) : 스승이 없이 스스로 진리를 바르고 완전하게 깨달아 일체의 법을 남김없이 모두 알고 계시는 분.

③ 명행족(明行足) : 지혜와 실천행을 완전히 갖추고 있으신 분.

④ 선서(善逝) : 다시는 생사 윤회하는 일이 없이 피안으로 잘 가신 분.

⑤ 세간해(世間解) : 세상의 중생들을 잘 구제하고 교화할 수 있게끔 세간의 일을 잘 알고 계시는 분.

⑥ 무상사(無上士) : 기나긴 생사윤회의 괴로운 삶을 끝내고 이번 생에서 완전한 해탈에 들기 때문에 세상에서

가장 높으신 분.

⑦ 조어장부(調御丈夫) : 탐·진·치의 삼독을 조복시켜 중
생들을 잘 제도하시는 분.

⑧ 천인사(天人師) : 삼계육도(三界六道)의 모든 중생들을
해탈시키고자 하는 신(神)들과 인간의 스승.

⑨ 불(佛) : 자신도 깨달으시고, 다른 중생들도 깨닫게 하
시는 분.

⑩ 세존(世尊) : 모든 세상으로부터 존경을 받는 최고로
훌륭하신 분.

❸ 최고의 바르고 완전한 깨달음

[아뇩다라삼먁삼보리(阿耨多羅三藐三菩提)]

산스끄리뜨 아눗따라 삼약삼보디(anuttarā samyak-saṃbodhiḥ)를 음역한 말이며, 무상정등각(無上正等覺)으로 의역한다. '최고의 바르고 완전한 깨달음'이라는 의미이며, 붓다의 깨달음의 경지를 나타내는 용어이다. 붓다는 이러한 완전한 깨달음을 얻은 분으로, 교화하기 어려운 자들을 잘 교화할 수 있고, 어떠한 어려운 질문에도 답하여 의심을 풀어줄 수 있으며, 널리 가르침을 펴서 수많은 이들을 괴로움에서 벗어나게 할 수 있고, 악(惡)한 무리들을 잘 굴복시킬 수 있다.[77]

그러므로 붓다 출현의 의미와 가치는 바른 법을 완전하게 깨달으시고, 중생제도를 위해 그러한 법들을 명확하게 분석하고서 분명하게 설하신 일에 있다고 할 수 있겠다.

---

77 권오민, 앞의 책, p.326.

12. 반야바라밀다 주(呪)의 효과

그러므로 알아야 된다. 반야바라밀다의 위대한 주문이며, 위대한 지혜의 주문이고, 최고의 주문이며, 비교될 것이 없는 주문은 모든 괴로움을 제거하고 거짓됨이 없기 때문에 진실하다.

●

고지반야바라밀다 시대신주 시대명주 시무상주 시무등등주 능제일체고 진실불허(故知般若波羅蜜多 是大神呪 是大明呪 是無上呪 是無等等呪 能除一切苦 眞實不虛)

❶ 반야 완성의 위대한 주문
[반야바라밀다 시대신주(般若波羅蜜多 是大神呪)]

산스끄리뜨 '쁘라즈냐 빠라미따—마하—만뜨로(prajñāpāramitā —mahā—mantro)'를 번역한 구절인데, 번역된 문장에 '시(是)' 자가 들어 있어서 해석상 오해를 불러 일으키는 요인이 될 가능성이 커졌다. '반야바라밀다는 위대한 주문이다'로 해석할 우려가 있는 것이다.

그러나 반야바라밀다는 주문(呪, 만뜨라)일 수가 없다. 주문은 마지막 부분의 '가떼 가떼 ~ 보디 스와하'이다. 그래서 '반야바라밀다 시대신주'로 번역된 '쁘라즈냐 빠라미따'와 '마하 만뜨로'라는 복합어를 격한정복합어의 소유격으로 봐서 '반야바라밀다의 위대한 주문'으로 해석하는 것이 의미상으로 맞다. 그리고 '신(神)'으로 번역될 원어는 없다. 아마도 네 글자로 운율을 맞추기 위한 것일 수는 있다.[78]

---

78 최봉수, 앞의 책, pp.124~126 참조.

❷ 지혜의 주문, 최고의 주문,
비교될 것이 없는 주문은
[시대명주 시무상주 시무등등주(是大明呪 是無上呪
是無等等呪)]

'명(明, vidyā)'은 지혜를 뜻하는 술어이다. '위가 없다'는 말
은 '최고이다'라는 뜻이고, '동등한 것들이 없다'라는 말은
'비교할 만한 것이 없다'는 의미이다. 앞의 대신주부터 대명
주와 무상주, 그리고 무등등주는 사실 동의어들이다. 이와
같이 동의어들을 반복하는 이유는 반야바라밀다의 의미와
가치를 강조하는 데 있다.

❸ 모든 괴로움을 제거하고
거짓됨이 없기 때문에 진실하다
[능제일체고 진실불허(能除一切苦 眞實不虛)]

여기서 '일체고'란 우리들이 느끼는 세간의 모든 고통을 포함해서, 궁극적으로는 생사 윤회의 괴로움을 말한다. '거짓됨이 없어 진실하다'는 말은 지금까지 공성의 입장에서 많은 것을 부정해 왔기 때문에 자칫하면 허무주의[惡取空]로 흐를 우려가 있으므로 그것을 경계하는 것이다.

이제 반야바라밀다의 입장에 서서 부정(否定)을 거두면서 '거짓됨이 없다'고 하고, 반야바라밀다의 힘으로 깨달음을 얻어서 완전한 해탈을 실현하기 때문에 그 기능과 작용이 분명히 있으므로 '진실하다'고 강조한다.

반야바라밀다의 주(呪)는 말소리 자체가 어떤 특수한 힘을 지니고 있거나 영험을 만들어 내는 것이 아니라, 말의 소리 이면에 담겨 있는 의미에서 특별한 힘이 발생한다. 외도들의 주문은 행복을 구걸하는 것으로 이성적으로 이해될 수 없는 무의미한 말들의 조합에 지나지 않지만, 진정한 불교의 주문은 생사윤회로부터 벗어나라는 해탈의 의미가 담겨 있다.

13. 반야바라밀다의 주문

반야바라밀다의 주문이 다음과 같이 설해졌다.

●

고설반야바라밀다주 즉설주왈
(故說般若波羅蜜多呪 卽說呪曰)

가떼 가떼
빠라가떼
빠라상가떼
보디 스와하
(揭帝 揭帝 波羅揭帝 波羅僧揭帝 菩提 娑婆訶)

건너감이여! 건너감이여!

저 언덕으로 건너감이여!

저 언덕으로 완전히 건너감이여!

깨달음이여!

최상의 축복이여!

어떤 존재가 건너가는 것이 아니다. 몸은 깨달음을 얻은 바로 그 자리에 있다. 열반을 보는 지혜의 눈이 가는 것이다. 오온 안에 있는 지혜가 가는 것이다. 마음이 유위법을 초월하여 무위법, 곧 열반을 깨닫게 된 것이다. 세간에서 출세간으로 가는 것이다.

그래서 그는 이미 옛 존재가 아니다. 이제 정신적 경지가 바뀌었다. 삶이 달라졌다. 중생에서 성인(聖人)이 되었다. 번뇌가 완전히 사라져서 다시는 오온이 형성될 일이 없게 되었다. 이와 같이 괴로움의 최종적인 종말은 윤회의 소용돌이로부터 해방될 때 비로소 이루어진다.

'보디 스와하!' 깨달음이여! 최상의 축복이여!

반야바라밀다의 수행에 의해 세상의 공성을 통찰하고서 반야의 완성을 성취하여 생사윤회로부터 완전하게 해탈을 실현하는 일을 크게 찬탄하고 있다. 괴로움[苦]을 깨고 괴로움의 소멸[滅], 곧 해탈로 치달아 감이 최상의 축복이고 최고의 행복인 것이다.

이러한 반야바라밀다의 주문은 정확하게 번역하여 읽거나 기억할 때마다 불교의 목적인 해탈[저 언덕에 건너감]을 늘 가슴에 새겨 수행에 용맹 정진할 수 있게 하는 것이 좋다. 그리고 저 해탈의 언덕에 윤회하는 오온[건너가신 분]은 있을 수가 없다. 왜냐하면 완전한 해탈의 경지[반열반]에 오온이 형성되는 일은 없기 때문이다.

(이처럼 반야바라밀다의 핵심이 완성되었다)

마침내 불교의 목적도 완성되었다. 이제 보살은 사람들을 비롯하여 대상들을 만날 때 마다 일으켰던 언어적·개념적 사고, 선입견, 끄달림, 저항감과 습관적 행동들을 뒤로하고 그들을 있는 그대로 볼 수 있게 되고, 받아들일 수 있게 된다. 나아가 사람들이 행복해지도록 끊임없이 노력한다.

지금 이 순간을 놓치지 않고 경이로움으로 늘 깨어 있게 되므로 일상의 삶 자체가 수행이 된다. 그는 언어에도, 개념에도, 윤리 도덕에도, 종교에도, 감정에도, 이성에도, 진리에도, 수행에도, 삶에도, 죽음에도 갇히지 않게 되었다.

하루 24시간 깨어 있는 매 순간 식별력(識別力)을 넘어 깊게 자각력(自覺力, 사띠)을 유지할 수 있게 되었다. 과거의 업력에 의해 수동적인 과보의 삶으로 흘러가는 것이 아니라, 지금 이 순간 늘 깨어있는 자기의 능동적 의지대로 삶을 영위할 수 있게 되었다.

마침내 보살은 반야를 완성함[반야바라밀다]으로써 인과의 법칙으로부터 벗어나 잘못된 분별과 집착을 모두 내려놓아 버리고 대자유인(大自由人: 붓다)이 되었다. 그에게 이제 다음 생은 없다. 그래서 다시는 늙고 병들고 죽음을 맞이할 일이 없어져 버렸다.

나가는 말

　많은 사람들에게 삶은 거의 고문(拷問)이다. 더 많은 사람들에게 삶은 대부분 허망한 꿈이다. 모든 사람들에게 삶은 일단 죽음으로 끝이 난다. 그러나 아라한이 아닌 이상 다시 태어나지 않을 수 없다. 누구나 태어나자마자 사형선고를 받은 것과 같다. 다만 사람마다 그 집행 날짜와 시각이 다를 뿐이다.

　2,500여 년 전 싯다르타 태자께서는 영원한 행복과 불멸(不滅)의 경지를 찾아 출가하셨다. 6년간의 파란만장한 수행 끝에 생사라는 불행의 원인을 찾아내시고 아울러 그 불행으로부터 벗어나는 길까지 계발하시면서 스스로 붓다를 이루셨다.

　그러나 이미 태어난 자에게 바로 그 생에서 죽음을 제거할 수 있는 방법은 이 우주의 어디에도 있을 수 없다. 그러므로 부활(復活)과 영생(永生)은 진리에 무지한 자들의 헛된 희망 사항일 뿐이다. 붓다께서는 죽음을 제거함으로써가 아닌 팔정도(八正道)로써 윤회(輪迴)와 재생(再生)으로 끌고 가는 원인[無明, 渴愛]을 제거함으로써 불생(不生)에 의한 불사(不死: 태어나지 않게 되어 죽을 일이 없어짐), 곧 완전한 해탈(解脫)을 성취하셨다.

앞에서 살펴본 것처럼 이러한 '해탈에 이르는 방법'이『반야심경』의 핵심 내용이기도 하다. 그러나 많은 사람들에게 해탈이 최상의 행복이라는 것이 가슴에 와 닿기는 쉽지 않을 것이다. 아마도 이 책의 내용이 어렵게 느껴졌다면, 이것이 가장 큰 이유일 것이다. 이러한 이야기들을 통해 그러한 이유를 알게 되어 이 책의 내용과 불교가 좀 더 쉽게 와 닿았으면 좋겠다. 나아가 불교를 보는 눈이 이 책을 읽기 전과 이 책을 읽고 난 후가 아주 많이 달라졌으면 더할 나위 없이 좋겠다.

지금은 많은 사람들이 경제적으로 풍요해져서 물질 불안은 거의 해결되었다. 그러나 이제 문제는 정신 불안이다. 그런데 그러한 정신 불안의 문제를 해결하는 방법으로는 불교의 수행만한 가르침이 없다. 수행을 통해 얻은 반야가 그러한 문제의 근본적인 해결책이기 때문이다. 그 측면에서도 이 책의 내용들이 크게 도움이 되었으면 하고 기대를 해 본다.

각자의 삶은 지금까지 자기가 쌓아온 업력들이 과보를 드러내며 흘러가고 있는 것이다. 모든 일은 반드시 그럴 만한 이유가 있어서 생긴 결과이므로, 현재의 힘든 현실을 자신이 짊어져야 할 몫으로 당당하게 인정하고 수용하면서, 앞으로 보다 나은 과보를 얻기 위해 부단히 노력하려는 의지를 다지면서 하나하나 실천으로 옮겨가야 한다. 붓다의 가르침을 체득하여 삶의 현장에서 실천하면, 세상의 일을 새로운 차원에서 볼 수 있게 된다.

자기가 바뀌어야 세상이 바뀐다. 자기를 바꿔 가는 것이 수행이다. 수행력에 의해 운명도 좋은 방향으로 바뀐다. 그런데 수행자에게는 보리심(菩提心)과 자비심(慈悲心)이 있어야 수행을 계속할 수 있고 진보가 있게 된다. 실재를 보는 반야를 체득하고 가슴까지 따뜻한 자가 보는 세상과 개념으로만 사물을 인식하고 가슴조차도 차가운 자가 보는 세상은 크게 다를 수밖에 없다. 인생에 대한 깊은 고뇌도 없이 많은 것이 풍족하고 편리한 환경에서 무턱대고 수행의 테크닉만을 반복하는 온실 수행으로는 수행의 진보가 있을 수 없고, 인격의 변화도 일어날 리가 없다. 싯다르타 태자의 '사문유관(四門遊觀)'에서 알 수 있듯이, 인생에 대한 깊은 철학적 고뇌에 의한 보리심과 '농경제(農耕祭)'에서 드러난 남을 위하고자 하는 따뜻한 가슴의 자비심이 없이는 치열한 정진력도, 인격의 향상도, 바른 깨달음도 있을 수 없는 것이다.

제대로 수행을 하면 자아에 대한 관념에도, 좋고 나쁜 것에 대한 관념에도, 나아가 수행에 대한 집착에도 얽매이지 않게 된다. 더 이상 수행을 고행으로 접근하지 않고 집중과 고요, 기쁨과 즐거움, 나아가 평온함 등 품격 있는 행복감을 누리게 된다. 재산을 더 많이 가지고 더 높은 관직을 얻어 남에게 보이기 위한 행복은 진정한 자기의 행복이 아니다. 수행력을 갖춰 자기의 몸과 마음의 주인이 되었을 때, 곧 자기의 몸과 마음을 자기 마음대로 할 수 있는 바로 그만큼만 진정한 자기의 행복인 것이다.

마음이 고요해지고 맑고 밝고 따뜻해지면 생에 대한 불안도, 죽음에 대한 두려움도 사라지기 시작한다. 그래서 우리 인생의 최종적인 해답은 수행이고 해탈이다. 그렇지만 기발함과 교묘함과 넘치는 호방함과 가끔은 속 시원함에도, 그리고 잘못된 책과 전통과 스승에게도 속아서는 안 된다.

아무쪼록 세상 사람들이 기복(祈福)에만 매달려서 인간의 이성적인 능력, 특히 그 중에서도 최고의 이성인 반야를 포

기하는 일이 없기를 기원하면서, 독자들에게 따뜻한 사랑
의 마음을 보낸다.

삿된 법이 없어지기를 !
유사 불법도 사라지기를 !
붓다의 바른 법이 아주 오래오래 머물기를 !

참고 문헌

- 붓다고사 지음, 대림 옮김, 『청정도론』(전 3권), 초기불전연구원, 2004.
- 대림 외 1 옮김, 『아비담마 길라잡이』(전 2권), 초기불전연구원, 전정판, 2017.
- 냐나틸로카 엮음, 김재성 옮김 『붓다의 말씀』, 고요한 소리, 4판, 2015.
- 비구 보디 지음, 전병재 옮김 『팔정도』, 고요한 소리, 개정판, 2012.
- 대림 옮김, 『들숨날숨 마음챙기는 공부』, 초기불전연구원, 개정판, 2008.
- 각묵 지음, 『초기불교 이해』, 초기불전연구원, 초판, 2010.
- 각묵 옮김, 『네 가지 마음챙기는 공부』, 초기불전연구원, 개정판, 2004.
- 파아옥 또야 지음, 무념 옮김, 『사마타 그리고 위빠사나』, 보리수 선원, 2004.
- 파아옥 또야 지음, 정명 옮김, 『업과 윤회의 법칙』, 푸른향기, 2011.
- 최봉수 지음, 『범본 심경·금강경 해설』, www.mahanava.com, 초판, 2016.
- 김명우 지음, 『범어로 반야심경을 해설하다』, 민족사, 초판, 2010.

- 요코야마 코이츠 지음, 허암 옮김, 『유식으로 읽는 반야심경』, 민족사, 초판, 2016.
- 박인성 외 11 지음, 『공과 연기의 현대적 조명』, 고려대장경연구소, 1999.
- 高神覺昇 지음, 前田龍 外 1 옮김, 『般若心經講義』, 경서원, 1994.
- 光德 지음, 『반야심경 강의』, 불광출판사, 2014.
- 鄭柄朝 지음, 『智慧의 完成 : 般若心經』, 동국역경원, 1979.
- 이중표 역해, 『니까야로 읽는 반야심경』, 불광출판사, 2018.
- 원측 지음, 박인성 옮김, 『반야심경찬』, 주민출판사, 2005.
- 오쇼 지음, 손민규 옮김, 『반야심경』, 태일 출판사, 2012.
- 법상 지음, 『반야심경과 마음공부』, 도서출판 무한, 3쇄, 2004.
- 무비 지음, 『예불문과 반야심경』, 불일 출판사, 7쇄, 2004.
- 김현준 지음, 『생활 속의 반야심경』, 효림, 6쇄, 2011.
- 텐진 갸초 지음, 주민황 옮김, 『달라이라마 반야심경』, 하루헌, 2017.
- 梶山雄一 지음, 이기영 번역, 『空의 世界 —般若經—』, 동국대학교 역경원, 4판, 1994.
- 이기영 지음, 『반야심경』, 한국불교 연구원, 재판, 1996.
- 정목 역해, 『반야심경 오가해』, 금샘, 2016.
- 김윤수 지음, 『반야심경·금강경』, 한산암, 개정판, 2013.
- 범일 지음, 『수트라』, 김영사, 4쇄, 2015.
- 김성철 지음, 『중론, 논리로부터의 해탈 논리에 의한 해탈』, 불교시대사, 2004.

- 가지야마 유이치 지음, 김성철 옮김, 『空 입문』, 동국대학교 출판부, 2007.
- 水野弘元 지음, 석원연 옮김, 『불교용어 기초지식』, 들꽃누리, 2002.
- 권오민 지음, 『아비달마 불교』, 민족사, 2006.
- 이종숙 지음, 『사념처 수행』, 행복한 숲, 2012.
- 아잔브람 지음, 혜안 옮김, 『놓아버리기』, 궁리, 2012.
- 마하시 사야도 지음, 일창 옮김, 『위빳사나 수행방법론 1』, 이솔, 2013.
- 우 조티카 사야도 지음, 박은조 옮김, 『마음의 지도』, 도서출판 연방죽, 2008.

『반야심경』이라는 아름답고도 고준(高峻)한 산에 안개와 구름이 모두 걷힌 느낌

그동안 주문처럼 외기만 했던 『반야심경』이었는데…. 이 책의 원고를 여러 번 읽고 나니 『반야심경』이라는 아름답고도 고준(高峻)한 산에 안개와 구름이 모두 걷힌 느낌이다.

중국에서 『반야심경』이 번역된 1,600여 년 이래로 한·중·일 삼국에서 가장 쉽고 정확하며 간결한 해설서가 아닌가 한다. 『반야심경』 해설서는 이제부터 이 책 이전과 이후로 나눠질 것이다. 재가 학자가 남방에 오래도록 수행을 다니면서 대승경전의 본래면목을 제대로 밝혀냈다는 게 참으로 놀랍다. 이 책으로 말미암아 이전의 해설서들은 아마 재출간을 고민해야 되지 않을까 싶다.

무엇보다도 내용의 몇 가지 면에서는 출가와 재가 모두 1,600여 년간 그 누구도 해내지 못했던 일임에는 틀림없어 보인다. 이 해설서를 통해 이제 뭔가 왜곡되었던 불교에서 석가모니 본래의 가르침으로 되돌아가는 이정표가 마련된 것 같아 일독을 간곡하게 권한다. 어쩌면 일독만으로도 불교를 보는 눈이 크게 달라질 수 있을 것이다.

－ 前 동화사 연수원장 비구 혜문－

추천의 글 2

오래도록 위빳사나 수행에 매진해 온
불교학자가 풀어낸 반야심경의 공사상

그동안 반야심경에 대해 수많은 해설서가 출간되었지만, 김진태 박사님의 〈반야심경의 바른 이해〉는 두 가지 특장 (特長)을 갖는다.

하나는 오랜 동안 남방 위빠사나 수행에 매진했던 불교학자가 소위 대승불전인 반야심경의 공사상을 풀어냈다는 점이고, 다른 하나는 철저하게 초기불전의 가르침에 근거하여 낱낱 경문의 의미를 해석했다는 점이다.

이번 저술을 통해 독자들은 대승의 반야 공사상이 초기불전의 가르침에서 벗어난 것이 아니며, 초기불교에 대한 실천적 이해가 깊을수록 대승불교에 대해서도 보다 깊이 이해할 수 있다는 점을 실감할 것이다.

– 동국대 경주캠퍼스 불교학부 교수 김성철–

추천의 글 3

다른 해설서에서 떨치지 못했던 갑갑함이 이 책을 읽는 순간 포말처럼 사라진다

저자와의 만남은, 내게 있어 불자라는 이름으로 살아온 40년의 세월이, 그리고 불교전문기자라는 이름으로 살아온 30년의 세월이 무명의 길에서 한 치도 벗어나지 못한 허망한 몸부림이었음을 일깨워준 일대 전기였다. 저자의 안내와 격려 덕분에 나는 붓다의 옛길을 희미하게나마 발견할 수 있었다. 미얀마 수행센터에서 수행하며 모호했던 것들, 아는 것 같았지만 사실은 몰랐던 것들을 발견하는 '부끄러운 기쁨'도 경험할 수 있었다.

저자와 나눈 숱한 대화와 문답 과정에서 팔정도와 사성제, 십이연기의 교설이 새롭고 확연해질 때 느꼈던 환희와 각성들! 그때의 짜릿한 감동들이 저자의 역저 『반야심경의 바른 이해』를 읽으며 다시금 올올이 살아 꿈틀거리는 신이함을 만끽한다.

여러 권의 반야심경 해설서를 읽으며 끝내 떨쳐버리지 못했던 갑갑함이 이 책을 읽는 순간 포말처럼 사라진다. 교학에 정통한 불교학자이면서 동시에 사띠빳타나 위빳사나 수행을 오랜 세월 지속하며 다진 내공이 아니라면 결코 써낼 수 없는 책이기에 그 진가를 가늠하기 어렵다.

– 前 법보신문 사장, 미디어붓다 대표 기자 이학종–

반야심경의 바른 이해

초판 1쇄 발행 | 2020년 8월 15일
초판 2쇄 발행 | 2020년 10월 21일

지은이 | 김진태

펴낸이 | 윤재승
펴낸곳 | 민족사

주간 | 사기순
기획편집팀 | 사기순, 최윤영
영업관리팀 | 김세정

출판등록 | 1980년 5월 9일 제1-149호
주소 | 서울 종로구 삼봉로 81 두산위브파빌리온 1131호
전화 | 02)732-2403, 2404 팩스 | 02)739-7565
홈페이지 | www.minjoksa.org
페이스북 | www.facebook.com/minjoksa
이메일 | minjoksabook@naver.com

ISBN 979-11-89269-67-8 03220

© 김진태, 2020